Unsere Patchwork-Familie

urania

Stefanie Glaschke

Unsere Patchwork-Familie

Mit gemeinsamen Übungen fürs neue Familienglück

Für die freundliche Unterstützung bei der sprachlichen Ausarbeitung bedanke ich mich bei Jens Aldo Müller.

Die Autorin: Stefanie Glaschke hat Theologie studiert und eine Ausbildung zur psychologischen Beraterin absolviert. Ihre langjährige, erfolgreiche Arbeit mit Kindern und Jugendlichen sowie ihre Erfahrungen mit den eigenen sechs Kindern gaben ihr das theoretische Rüstzeug und das praktische Know-how für das vorliegende Buch.

Bibliografische Information der Deutschen Bibliothek
Die Deutsche Bibliothek verzeichnet diese Publikation in der Deutschen Nationalbibliografie; detaillierte bibliografische Daten sind im Internet über http://dnb.ddb.de abrufbar.

Urania Verlag
in der
Verlagsgruppe Dornier GmbH
Postfach 80 06 69, 70506 Stuttgart

www.urania-verlag.de
www.verlagsgruppe-dornier.de

Redaktion und Satz: Roland Poferl Print-Design, Köln
Umschlaggestaltung: Behrend & Buchholz, Hamburg
Umschlagbild: © zefa/digitalvision/Nancy Rockwell
Druck: Westermann Druck, Zwickau

ISBN 3-332-01713-6
ISBN 978-3-332-01713-7

Inhalt

Liebe Leserin, lieber Leser,

Bei der zunehmenden Anzahl von Scheidungen, die zudem noch Jahr für Jahr steigt, ist es nicht verwunderlich, dass viele Kinder nicht mehr in der Familie aufwachsen, in die sie hineingeboren wurden. Etwas mehr als eine Million Kinder in der Bundesrepublik leben in einer so genannten Patchwork-Familie.

Patchwork-Familien sind nichts Neues.

Die Sache an sich ist keine neue Erfindung. Die alten Begriffe Stiefmutter, Stiefvater und Stiefgeschwister sind aber etwas aus der Mode gekommen. Sie bezeichnen Familienmitglieder, die die Rolle und Funktion von Vater, Mutter oder Geschwistern einnehmen, mit den anderen Familienmitgliedern aber nicht blutsverwandt sind. Durch den negativen Beigeschmack, der diesen Wörtern anhaftet, hatte es der Begriff Patchwork-Familie leicht, sich im allgemeinen Sprachgebrauch bei uns durchzusetzen.

Patchwork bedeutet Flickwerk und bezeichnet eine Technik, bei der aus Flicken eine Decke entsteht. Viele unterschiedliche Stoffteile aus Resten und gebrauchten Stücken werden kunstvoll zusammengenäht. In mühevoller Kleinarbeit fertigen oft sogar mehrere Personen zusammen solch eine Decke an. Sie ist dadurch immer ein individuelles Einzelstück. Nicht das Material macht den Wert aus, sondern die Tatsache, dass aus den Teilen mit Liebe, Geduld und Sorgfalt etwas Neues entsteht, das wieder ein Ganzes ist. Auch das Zusammenfügen einer Patchwork-Familie erfordert Geduld und macht Mühe. Und am Ende gilt auch hier: Keine Patchwork-Familie ist wie die andere.

Keine Patchwork-Familie ist wie die andere.

Schon in ihrer Zusammensetzung unterscheiden sich Patchwork-Familien voneinander. Es gibt Familien, die aus einem ehemals allein erziehenden Elternteil, dessen Kindern und seinem neuen Partner bestehen. Oft bringen beide Partner in die neue Beziehung Kinder mit, die entweder ständig oder nur an Wochenenden und in den Ferien mit der Familie leben. Wenn die Partner zusätzlich zu Kindern aus den Vorbeziehungen weitere, gemeinsame Kinder bekommen, erweitert sich die Patchwork-Familie noch einmal. Wir gehen heute davon aus, dass etwa jede siebte Familie eine Patchwork-Familie ist.

Jeder muss seine Rolle finden.

Ein Patentrezept für das Gelingen des Familienlebens gibt es für die Patchwork-Familie ebenso wenig wie für jede andere. Allerdings haben Sie es nicht mit von vornherein fest verteilten Rollen zu tun. Hier muss jeder seine Rolle erst finden. Dazu braucht es viel Gefühl für eigene und fremde Bedürfnisse, ein bisschen Mut, etwas auszuprobieren und vor allem Beständigkeit und Geduld. Dann kann aus einer Anzahl von Menschen mit ganz verschiedenen Lebensläufen eine Familie entstehen, in der alle ihren Platz finden und der sich alle zugehörig fühlen.

Dieses Buch gibt Hinweise und Hilfen, was Sie tun können, eine solche Familie aufzubauen. Das Wichtigste ist dabei die Bereitschaft, sich auf andere einzulassen, offen zu sein und sich dennoch selbst nicht aus den Augen zu verlieren.

Ich wünsche Ihnen eine gute Zeit in Ihrer Patchwork-Familie.

Stefanie Glaschke

Die Patchwork-Familie in Deutschland

Was ist eine Patchwork-Familie
und in welchen Varianten
kommt sie vor?

Die „normale“ Familie

Nach landläufiger Vorstellung besteht eine „normale“ Familie aus einem Elternpaar und deren gemeinsamen leiblichen Kindern, die zusammen wohnen und wirtschaften. Um diese Klein- oder Kernfamilie gruppieren sich Großeltern und andere Verwandte. Im Gegensatz dazu stammen in einer Patchwork-Familie die Kinder nicht bzw. nicht alle von dem Paar ab, das Elternfunktion hat.

Formen der Patchwork-Familie

Viele Varianten sind möglich.

Es gibt viele verschiedene Formen der Patchwork-Familie. Die wohl häufigste Form ist die, in der eine allein erziehende Mutter einen neuen kinderlosen Partner findet. Dieser Partner wird dann Stiefvater. Da der Begriff „Stiefvater“ eher negativ belastet ist, spricht man inzwischen häufiger von „Ersatzvater“.

Eine Variante dieser Konstellation liegt vor, wenn der neue Partner der Frau noch eigene Kinder aus vorhergegangenen Beziehungen hat. In den meisten Fällen werden diese Kinder bei der Exfrau des Mannes leben, haben allerdings häufig Besuchskontakte zum leiblichen Vater.

Eine weitere Möglichkeit ist die Verbindung zwischen einem allein erziehenden Vater und einer Frau, die entweder keine Kinder hat oder deren Kinder nicht mit ihr im selben Haushalt leben. Dieser Fall ist allerdings viel seltener als die ersten beiden Möglichkeiten. Das liegt daran, dass in den allermeisten Fällen nach der Trennung eines Elternpaares die gemeinsamen Kinder bei der Mutter bleiben.

Zusätzlich zu der Entscheidung, gemeinsam mit den leiblichen Kindern des Partners zu leben, entscheiden sich viele Paare, die eine zweite Familie gründen, auch noch dafür, gemeinsam weitere Kinder zu zeugen. So entsteht ein Geflecht aus leiblichen und nicht leiblichen Eltern mit Geschwistern und Halbgeschwistern.

Neben einer zweiten Familiengründung kommt auch die Gründung einer dritten Familie immer häufiger vor. Die Möglichkeiten sind zu vielfältig, um sie hier alle aufzuzählen. Aber Patchwork ist eben auch, wenn eine Frau mit ihren leiblichen Kindern einen neuen Mann findet und die Stiefkinder aus der zweiten Verbindung einen regelmäßigen Besuchskontakt zur ehemaligen Ersatzmutter halten.

Bei der dritten Familie wird's kompliziert.

Grundsätzlich gilt: Eine zweite Familiengründung mit leiblichen und nicht leiblichen Kindern wird Patchwork-Familie genannt.

Einige Patchwork-Familien sehen sich in einem noch größeren Rahmen. Vorausgesetzt, die notwendige Harmonie ist vorhanden, betrachten viele die Expartner und leiblichen Elternteile als zur Familie gehörig. Es kommen dann nicht selten auch deren neue Partner und eventuell noch neue Halbgeschwister für die Kinder hinzu. Die Rolle der Großeltern kann unterschiedlich sein. Manch ein Patchwork-Kind hat Kontakt zu drei Großelternpaaren, ein anderes nur noch zu den Eltern des leiblichen Elternteils, bei dem es lebt.

Manche Kinder haben drei Omas.

Grundsätzlich ist zu sagen, dass die Beziehungen zwischen Ersatzeltern und Kindern nicht schlechter sein müssen als die

Ein Ersatzvater ist gar nicht so schlecht.

zwischen leiblichen Eltern und ihren Kindern. Das Deutsche Jugendinstitut hat in einer Studie festgestellt, dass zur Zeit mehr Patchwork-Kinder ihren Ersatzvater zur Familie zählen als ihren leiblichen Vater. Zum Beispiel besprechen mehr als die Hälfte der Patchwork-Kinder schulische bzw. ausbildungsbezogene Angelegenheiten mit dem Ersatzvater, nur etwa 27 % reden über diese Themen mit ihrem leiblichen Vater. Etwa 20 % der Patchwork-Kinder geben an, dass sie zu ihrem Ersatzvater die schlechteste familiäre Beziehung haben, doch 25 % behaupten, die schlechteste Beziehung zum leiblichen Vater zu haben.

Wichtigste Bezugsperson für die Kinder bleibt die Mutter. Der Kontakt zum leiblichen Vater wird oft mit dem Auftreten eines Ersatzvaters seltener. Das spricht zumindest dafür, dass es durchaus möglich ist, eine Bindung zum Ersatzvater aufzubauen.

Ein guter Start erleichtert vieles

Wer eine Patchwork-Familie gründet, sollte von Anfang an auf ein paar Dinge achten: Beziehen Sie die Kinder in Ihre Vorüberlegungen mit ein, Berücksichtigen Sie dabei ihr Alter und ihren Entwicklungsstand und vermeiden Sie es, gleich zu Beginn feste Rollen zu verteilen.

Das Märchen von der bösen Stiefmutter

Patchwork-Familien sind keine neue Erfindung. In der Vergangenheit war es ganz selbstverständlich, nach dem Tod eines Partners wieder zu heiraten und damit seinen Kindern eine neue Mutter bzw. einen neuen Vater zu geben. Das Bild, das wir heute mit den Begriffen Stiefmutter und Stiefvater verbinden, ist allerdings negativ. Es ist nicht zuletzt durch viele Volksmärchen geprägt, in denen eine böse Stiefmutter die angenommenen Kinder schlecht behandelt, ja ihnen oft sogar nach dem Leben trachtet. Aber inzwischen hat sich die Auffassung über Ersatzeltern gewandelt. Aus Erkenntnissen der Entwicklungspsychologie und der modernen Pädagogik wissen wir, dass Erwachsene zu einem nicht leiblichen Kind, das sie durch Kindheit und Jugend begleiten, eine positive Beziehung aufbauen können. Auch der Wechsel aus einer Kernfamilie in die Patchwork-Situation muss heute für kein Kind mehr ein Lebenshandicap sein.

Die richtige Vorbereitung

Familie – nicht nur Versorgungs- auch Freizeitgemeinschaft

Heute können die beiden Lebenspartner ganz bewusst entscheiden, wie sie ihre neue Familie gestalten wollen. Man kennt weiter gehende Familienaufgaben als die Sicherstellung von Kleidung, Wohnung und Ernährung für alle und einer Ausbildung für die Kinder. Die Familie ist inzwischen auch eine Freizeitgemeinschaft geworden und überall will heute der Spagat zwischen der Freizeit *in* der Familie und der Freizeit *von* der Familie für jeden Einzelnen bewältigt werden. Das gilt in besonderem Maß für die Patchwork-Familie, deren Mitglieder sich ja erst ganz allmählich daran gewöhnen müssen, eine Familie zu sein.

Ein Ersatzvater oder eine Ersatzmutter, die die volle Erziehungsgewalt ausüben, gehören in der modernen Patchwork-Familie weitgehend der Vergangenheit an. Patchwork-Eltern sind bereit, ihre Rollen gemeinsam mit den Kindern zu finden. Das eröffnet Chancen für ein Familienmodell voller Lebens- und Entwicklungsmöglichkeiten. Und je besser der Start in eine Patchwork-Familie vorbereitet wird, umso stabiler ist die Basis, auf der sich alle Beteiligten bewegen können.

Kennenlernen in drei Stufen

Fachleute empfehlen, die Erwachsenen sollten ihre eigenen Umfelder in drei verschiedene Bereiche aufteilen. Der innerste Bereich betrifft nur die beiden Partner. Erst, wenn sie sicher sind, aneinander gebunden zu sein und eine feste Beziehung aufbauen wollen, können sie zur zweiten Ebene übergehen. Diese zweite Ebene betrifft die Kinder beider Partner. Alle Kinder sollten die Gelegenheit haben, den neuen Freund bzw. die neue Freundin des leiblichen Elternteils in aller Ruhe kennen zu lernen. In dieser Phase ist es noch nicht ratsam, die Kinder untereinander bekannt zu machen. Sie brauchen erst einmal ausreichend Gelegenheit, sich in der Gegenwart ihrer Mutter oder ihres Vaters an den neuen Kontakt zu gewöhnen. Hierfür benötigen kleine Kinder deutlich mehr Begegnungen als ältere Kinder oder Jugendliche. Jüngere Kinder können sich nicht bewusst mit dem Geschehen auseinander setzen. Sie brauchen Zeit, bis sie sich an den neuen Umgang gewöhnt haben. Erst in der dritten Stufe sollte das Paar daran gehen, Freunde und Bekannte einzuladen, den neuen Partner kennen zu lernen. Gerade der Freundeskreis wird Verständnis dafür haben, dass eine neue Liebesbeziehung sich zuallererst auf der Ebene der Angehörigen bewähren muss.

Vielleicht haben Sie Lust, die folgende Übung durchzuführen, bevor Sie sich entscheiden, in einer gemeinsamen Wohnung zu leben. Sie vertieft das Gefühl von Toleranz und Annahme.

Übung

Wunschtage

Wenn Sie hin und wieder ein Wochenende miteinander verbringen, ist schon eine wichtige Voraussetzung für Wunschtage gegeben. Lassen Sie doch die Beteiligten einfach der Reihe nach entscheiden, was Sie an diesen Wochenenden zusammen unternehmen. Auch wenn Sie eine Partie Minigolf spielen oder an einem Videotag teilnehmen müssen, obwohl Sie als Erwachsene eigentlich etwas anderes geplant hatten, sollten Sie diesen Tag in die neue Familie investieren. Sie haben dadurch die Möglichkeit, die Wesenszüge der anderen kennen zu lernen und schon einmal zu üben, miteinander Kompromisse zu schließen.

Für Wunschtage ist wichtig, dass jeder Beteiligte sicher sein kann, dass auch er an die Reihe kommen wird. Am besten legen Sie alle Wunschtage vorher fest. Dann weiß jeder Bescheid und kann sich auf seinen speziellen Wunschtag freuen. Beschränken Sie niemanden in seinen Wünschen und äußern Sie sich auch nicht abwertend über das, was Einzelne vorschlagen. Gerade jüngere Kinder werden ihre Wunschtage nutzen, um ihre persönlichen Bedürfnisse zur Geltung zu bringen. Es ist wichtig, dass sie sich auch dann angenommen fühlen, wenn ihr Interesse allen anderen wenig zusagt. Das gibt ihnen das Gefühl, ein vollwertiges Familienmitglied zu sein, und wird sich positiv auf das Vertrauen in den neuen Partner und die gesamte Familie auswirken.

Beziehen Sie die Kinder mit ein

Wenn zwei erwachsene Menschen sich gefunden haben, geschieht vieles mit ihnen, was sie überrascht. Sie denken unaufhörlich aneinander, wollen viel Zeit miteinander verbringen und nach der ersten Phase des Verliebtseins beginnt das Paar, Pläne für eine gemeinsame Zukunft zu schmieden. Das alles ist ein normaler Vorgang, der auch dann abläuft, wenn einer oder beide Partner schon beziehungserfahren sind und bereits Kinder haben. Allerdings ist die Umsetzung dann häufig problematischer als bei kinderlosen Partnern, denn von einer neuen Beziehung des Vaters oder der Mutter sind die Kinder stark betroffen, so dass sie von Anfang an mit einbezogen werden müssen.

Eltern sollten wissen, dass der Aufbau einer Beziehung Kraft kostet. Die neue Liebe beflügelt zwar scheinbar, aber bisher hat den allein erziehenden Elternteil ja der ganz normale Alltag schon ganz schön auf Trab gehalten. Nach Arbeit, Kindererziehung und vielleicht noch einem Telefonat mit Freund oder Freundin fiel er oder sie wie ein Stein ins Bett. Nun ist da ein weiterer Mensch, der Aufmerksamkeit fordert. Sicher, jede Begegnung ist ein Genuss, man kann es kaum erwarten, bis man den anderen sieht. Doch gleichzeitig brauchen die Verliebten mehr Zeit und vielleicht auch mehr Geld für gemeinsame Unternehmungen. Ihr ganzes Leben erfährt jetzt Veränderungen.

Der Aufbau einer Beziehung kostet Kraft und Zeit.

Kinder haben sehr sensible Antennen, wenn es darum geht, Veränderungen zu spüren. Warum kommt der Babysitter jetzt plötzlich dreimal in der Woche? Warum läuft die

Kinder spüren Veränderungen.

Mutter plötzlich fröhlich singend durchs Haus? Früher wurde ausgiebig gekocht, nun gibt es schnelle Eintöpfe zum Essen. Kinder können, wenn sie das ungewohnte Verhalten ihrer Eltern nicht verstehen, Ängste entwickeln und sich ausgeschlossen fühlen. Das kann das Vertrauen zu den Eltern erschüttern, das Kinder so dringend brauchen.

Natürlich wollen die Erwachsenen ihren Sprösslingen nicht jedes Kribbeln im Bauch mitteilen. Das ist verständlich. Schließlich ist man sich seiner Gefühle vielleicht noch nicht ganz sicher und will den Kindern das Auf und Ab, das man selbst erlebt, ersparen. Es würde sie nur verwirren oder am Ende Hoffnungen wecken, die enttäuscht werden. Allerdings können Kinder grundsätzlich verstehen, dass ihre Eltern offen für eine neue Beziehung sind. Bei Kindern, die bereits älter als etwa zehn Jahre sind, stoßen Eltern in der Regel auf Verständnis. Sie waren ja vielleicht selbst schon einmal verknallt und haben auch bereits eigene Vorstellungen über Beziehungen, Partnerschaft und Familie. Die grundsätzliche Entscheidung, sich wieder mit einem Partner zu verbinden, ist für sich genommen schon so weitreichend, dass die Kinder sie kennen sollten. Das beinhaltet natürlich nicht sämtliche Details des ersten Treffens. Auch mit Ihren Zweifeln und Ängsten sollten Sie die Kinder, gerade in der ersten Beziehungsphase nicht behelligen. Die Tatsache allerdings, dass man sich entschieden hat, in Zukunft abends wieder häufiger auszugehen, geht die Kinder auf jeden Fall etwas an.

Sind Sie wirklich noch Single?

Prüfen Sie sich selbst. Machen Sie sich bewusst, ob Sie wirklich noch voll und ganz Single sind oder bereits mit einem Bein in einer Partnerschaft stehen. Sagen Sie Ihrem Kind, dass Sie sich vorstellen können, einen neuen Partner zu haben. So bleibt Ihnen genug Zeit, sich mit den Fragen, Vorstellungen und vielleicht Ängsten des Kindes auseinander zu setzen, bevor es das Gefühl hat, vor vollendete Tatsachen gestellt zu werden.

Wann soll das Kind Ihren neuen Partner kennen lernen?

Kinder unterschiedlichen Alters können natürlich nicht auf die gleiche Art einbezogen werden. Kinder, die noch vor der Einschulung stehen, dürfen erfahren, dass da jemand ist, den die Mutter oder der Vater sehr gern mag. Stellen Sie klar, dass kein neuer Vater gesucht wird oder ein Ersatz für die Mutter. Das Kind soll von Anfang an begreifen, dass es zuerst um eine Beziehung der Mutter oder des Vaters zu einem anderen Menschen geht. Das ist die Basis der Familie wie auch der Patchwork-Familie. Schließlich geht es um Liebe, nicht um eine Zweckgemeinschaft. Eine Begegnung der Kinder mit dem neuen Partner zu einem frühen Zeitpunkt ist nicht notwendig. Die sollten Sie so lange verschieben, bis Sie selbst und Ihr Partner sich für eine feste Beziehung entschieden haben.

Die Frage, ob Sie wirklich zusammen eine neue Familie gründen wollen, sollten Sie sich allerdings erst später stellen: wenn Sie Ihren Partner besser kennen gelernt haben und die rosarote Brille schon wieder in der Schublade ist, wenn Sie Ihre Beziehung für tragfähig halten und eine Chance für eine gemeinsame Zukunft sehen, wenn Sie sich entschieden haben, zusammen zu *leben*. Dann allerdings ist es wichtig, die Kinder mit der neuen Familie nicht wie mit einem Geschenk zu überraschen, sondern sie in alles, was Sie planen mit einzubeziehen.

Wer soll zur neuen Familie gehören?

Planen Sie die Gründung der neuen Familie von Anfang an mit allen Betroffenen gemeinsam. Die beiden erwachsenen Beteiligten stehen fest, doch Sie müssen die wichtige Entscheidung treffen, wie weit denn die Familie überhaupt gefasst werden soll. Sind beide Partner bisher allein mit ihrem Kind oder ihren Kindern gewesen, stellt sich nun die Frage, welche Kinder in der Patchwork-Familie leben werden. Diese Entscheidung kann nicht allein von den Eltern gefällt werden, hier müssen die Kinder mitreden dürfen. Werden Kinder des einen oder anderen Partners die Schulferien bei Ihnen verbringen? Gibt es Kinder, die am Wochenende besucht werden oder zu Besuch kommen? Und was ist mit dem jeweils anderen Elternteil? Wird er eine Entscheidung, die die neuen Partner und die Kinder treffen, akzeptieren? Auch er darf nicht einfach außen vor gelassen werden.

Sprechen Sie mit allen betroffenen Elternteilen.

Getrennte Eltern teilen sich heute in den meisten Fällen das Sorgerecht; im Idealfall haben sie die Erziehungsverantwortung gemeinsam wahrgenommen. Der Expartner könnte fürchten, ersetzt zu werden. Auch moderne und aufgeklärte Menschen haben Angst vor Veränderungen. Machen Sie sich diese Ängste bewusst und steuern Sie dagegen. Nur so kann ein späterer Konflikt weitgehend vermieden werden. Wenn Sie mit den betroffenen Eltern eine Basis erarbeitet haben, können Sie Ihr Vorhaben den Kindern präsentieren. Am besten geht das, wenn alle Eltern sich auf eine Vorgehensweise geeinigt haben. Wenn sich die Erwachsenen nicht verstehen, wird es für die Kinder schwerer als nötig. Diese Art, an eine Familiengründung heranzugehen, ist zwar nicht sehr romantisch, doch eröffnet sie die reale Möglichkeit, dass sich stabile Beziehungen ergeben können.

Wenn Sie soweit gekommen sind, dass die betroffenen Erwachsenen wissen, was sie wollen, können Sie auch den Kindern gegenüber Klarheit und Entschlossenheit zeigen. Nun ist es an der Zeit, mit den Kindern in Ruhe über Ihr Vorhaben zu sprechen. Stellen Sie mit jedem einzelnen Kind zusammen die Vor- und Nachteile der Entscheidung für eine neue Familie zusammen.

Nehmen Sie Probleme nicht zu leicht.

Gerade am Anfang besteht die Gefahr, vieles zu leicht zu nehmen. Ihr Kind hat eine Katze und Ihr neuer Partner eine Katzenhaarallergie? Verstecken Sie sich nicht hinter einem wohlmeinenden „Das kriegen wir schon hin". Ein Problem kann immer nur dann gelöst werden, wenn man sich ihm stellt. Ihre Tochter liebt Fußball, doch Ihre neue Partnerin stellt sich unter einem Mädchen eher eine liebreizende Prinzessin vor? In Konfliktsituationen kann so etwas unangenehme Folgen haben.

Vermeiden Sie es, die Unterschiede zwischen der bisherigen Lebensführung Ihres Partners und Ihrer eigenen zu verharmlosen. Legen Sie eventuell eine Liste an. Schreiben Sie auf, was übereinstimmt und was eventuell störend wirken könnte, wenn Sie zusammen wohnen. Bleiben Sie dabei realistisch und trennen Sie so weit wie möglich die sachliche Frage nach der geeigneten Lebensform von den Gefühlen zwischen Ihnen beiden. Auch die allergrößte Liebe schützt Sie nicht davor, einen unterschiedlichen Lebensstil zu haben. Wenn einer von Ihnen gleich zu Anfang Kompromisse anbietet, die ihn im Nachhinein nicht befriedigen können, werden unweigerlich Schwierigkeiten beim Zusammenleben auftauchen, die nur schwer wieder zu beheben sind.

Nehmen Sie die Wünsche der Kinder ernst.

Lassen Sie auch die Kinder zu Wort kommen und nehmen Sie deren Bedenken und Wünsche ernst. Es ist für Kinder keine Kleinigkeit, wenn sich plötzlich die Familienstruktur ändert, sondern ein gravierender Lebenseinschnitt. Hüten Sie sich davor, das zu verharmlosen. Die Kinder müssen das empfinden dürfen. Helfen Sie ihnen, diesen Einschnitt bewusst zu erleben und geben Sie ihnen Gelegenheit, das kommende Zusammenleben mitzugestalten. Finden Sie gemeinsam Kompromisse, wo das notwendig und möglich ist.

Verlangen Sie vom Kind so wenig Veränderung wie möglich. Wenn Sie sich entschieden haben, miteinander zu leben und eine gemeinsame Wohnung zu bewohnen, kann gerade die nächste Übung einem jüngeren Kind helfen, sich mit der Situation vertraut zu machen.

Übung

Fremdenführer

Das Kind im Kindergartenalter mag es, wenn Erwachsene ihm Kompetenzen übertragen. Lassen Sie das Kind Fremdenführer für den neuen Partner sein. Es kann erklären, was ihm wichtig erscheint. Wie wird der Müll getrennt, wem gehört welche Zahnbürste und wo liegt im Kühlschrank der Käse? Das Kind im Kindergartenalter kennt seine Umgebung sehr gut, es ist stolz darauf, zu Hause Bescheid zu wissen. Wie schrecklich muss es für das Kind sein, wenn ein Fremder sich plötzlich ganz leicht zurecht findet.
Durch diese Übung wird es Ansprechpartner. Und ein kleiner Junge, der gerade seine ödipale Phase erlebt, also selbst in seine Mutter verliebt ist, fühlt sich nicht gewaltsam entthront, wenn er für ein Weilchen seine Kompetenz und Überlegenheit darstellen darf.

Wie aber wollen Sie die neue Situation in der Alltagspraxis angehen? Man darf davon ausgehen, dass der neue Partner oder die neue Partnerin zunächst etwas nervös sind – ebenso wie Sie selbst wahrscheinlich auch. Werden die Kinder den neuen Partner annehmen oder ablehnen? Werden sie Kritik an Ihrer Wahl üben? Wie kann das erste Gespräch am besten vorbereitet und durchgeführt werden? Jetzt zahlt sich aus, dass Ihre Kinder bereits wissen, was Sie sich für Ihre nahe Zukunft erhoffen. Ihr Vorhaben wird sie nicht erschrecken, nicht einmal besonders überraschen. Trotzdem ist ganz wichtig, dass Sie die Kinder nicht mit allen Hoffnungen und Träumen konfrontieren, die Sie selbst an die neue Verbindung knüpfen. Gehen Sie ruhig in das Gespräch und machen Sie sich klar, dass es keine Werbeveranstaltung sein soll. Sie haben sich neu gebunden, diese Tatsache steht erst einmal für sich allein.

Ihre neue Bindung steht nicht zur Disposition.

Ganz gleich, wie sich Ihre Kinder äußern, an Ihrer Bindung zu Ihrem Partner wird sich durch deren Reaktion nichts ändern. Lediglich die äußere Form, die Sie Ihrer Beziehung in Zukunft geben, hängt von der Reaktion der betroffenen Kinder ab. Nehmen Sie die Gelegenheit wahr, die sich in diesem Gespräch bietet, aber machen Sie sich bewusst, dass Ihre Kinder eigenständige Persönlichkeiten sind, die zur Patchwork-Familie stehen müssen, wenn sie gelingen soll. Ich habe Erwachsene erlebt, die versucht haben, ihre Nervosität mit Humor zu überspielen. Kinder nehmen die Angst der Erwachsenen aber hinter deren Masken wahr. Es kann leicht der Eindruck entstehen, die Erwachsenen sind nicht aufrichtig. Auch die Gefahr, das Vorhaben als beschlossene Sache darzustellen, um Zweifel gleich im Keim zu ersticken, ist gegeben. Dadurch wird der Rahmen, den die Kinder für ihre eigene Meinung haben, sehr klein, je älter die Kinder sind, umso stärker werden sie sich überfahren und bevormundet sehen. Bleiben Sie am besten ganz in Ihrer Mitte. Äußern Sie Ihre Vorstellungen und Bedürfnisse offen, bitten Sie nicht um Verständnis und befehlen Sie keine Zustimmung. Nur so können Sie, Ihr Partner und die Kinder gemeinsam ein Team bilden, das den Anforderungen der Patchwork-Familie gewachsen ist. Formulieren Sie nur, was Sie und Ihren Partner bzw. Ihre Partnerin betrifft. Hüten Sie sich vor allzu langen Erklärungen. Sie haben sich verliebt; dafür gibt es keine Erklärung und eine Entschuldigung ist auch nicht notwendig. Menschen, die sich lieben, wünschen sich so viel gemeinsame Zeit wie möglich. Da liegt es nahe, eine gemeinsame Wohnung zu bewohnen.

Checkliste:

1. Lassen Sie sich nicht von den Emotionen überrollen. Behalten Sie einen klaren Kopf, wenn es darum geht, Ihre Kinder an den Geschehnissen teilhaben zu lassen.
2. Gestehen Sie sich ein, dass sich mit Ihrem Leben auch das Leben Ihrer Kinder verändert hat und weiter verändern wird.
3. Fürchten Sie den Schritt in eine Patchwork-Familie nicht. Erstens ist diese Lebensform älter als Sie denken und zweitens schaden Sie Ihren Kindern nicht, wenn Sie sich mit einem anderen Menschen verbinden, der Ihnen gut tut.

Lassen Sie den Kindern die Möglichkeit, Ihre Gedanken mitzuteilen. Bisher ist die Gründung einer Patchwork-Familie ein Vorhaben. Um es in die Tat umzusetzen, brauchen Sie die Bereitschaft der Kinder, die in Ihrem Haushalt leben sollen. Diese Bereitschaft soll aber freiwillig gezeigt werden, weder aus Gefälligkeit noch unter Erwartungsdruck. Nur wenn die Kinder sich freiwillig auf den gemeinsamen Versuch einlassen, werden sie später auch bereit sein, ihren Teil zur Familie beizutragen.

Für die Patchwork-Familie brauchen Sie die Bereitschaft der Kinder.

Beachten Sie die folgenden Aspekte, wenn es darum geht, das Kind von Anfang an Teil der neuen Familie sein zu lassen. Sie werden weitere Bereiche finden, für die neue Verhaltensweisen gefunden werden müssen. Sehen Sie diese Auswahl bitte lediglich als Anregung. Sie selbst wissen, welche Fragen Sie klären müssen, denn Sie kennen den Rahmen, in dem Sie leben wollen.

1. Feiern und Feste

Allein erziehende Eltern haben mit ihren Kindern Rituale entwickelt, die oft schon seit vielen Jahren gelebt werden. Aber jede Familie ist anders. Bei der einen gehörte bisher der Gottesdienstbesuch am Heiligabend grundsätzlich zum Weihnachtsfest, die andere verbrachte Weihnachten am liebsten bei den Großeltern. Wenn nun zwei Familien zu einer werden, prallen diese unterschiedlichen Gewohnheiten aufeinander. Das bietet zum einen die Chance, sich neu zu ordnen, kann aber andererseits auch Konfliktstoff in sich bergen. In einem solchen Fall ist die beste Möglichkeit, dass zunächst Sie als Erwachsene sich Ihre Gewohnheiten mitteilen und vorab besprechen, was Sie auf keinen Fall aufgeben wollen. Legen Sie den Kindern das Ergebnis vor und besprechen Sie Ihre Lösung. Berücksichtigen Sie die Vorstellungen der Kinder und sorgen Sie dafür, dass im Gespräch konstruktive Lösungen die Oberhand behalten. Lernen Sie damit umzugehen, dass es manchmal besser ist, die Familie teilt sich auf und alle sind zufrieden, als eine Hälfte der Familie in ein Ritual zu drängen, das sie nicht zufrieden stellt. Rituale, die Ihnen oder Ihrem Partner als wichtige Energiequellen dienen, können meistens nicht aufgegeben werden, ohne dass große Lücken entstehen, die zu Unzufriedenheit führen. Die Patchwork-Familie ist keine Familiengründung aus dem Nichts heraus. Jeder Einzelne hat bereits eine Lebensgeschichte, die er fortsetzen möchte. Je eher Sie sich als Erwachsene damit arrangieren, umso leichter wird der gemeinsame Start.

2. Ernährung

Unterschätzen Sie diesen Aspekt nicht. Gerade jüngere Kinder haben sich oft an einen bestimmten Ernährungsstil gewöhnt und sind selten offen für Experimente. Wenn die geliebte Bratwurst plötzlich dem Tofuwürstchen weichen soll, Milchreis nicht mehr Nachtisch sondern die Abendmahlzeit ist und aus Prinzip kein Frühstück mehr in einem Fast-Food-Restaurant gestattet wird, kann einem Kind schon die Lust auf Familie vergehen. Lassen Sie die beteiligten Kinder beschreiben, wie ihre Ernährung bisher aussah, und finden Sie Übereinstimmungen. Benennen Sie danach die Unterschiede und entscheiden Sie gemeinsam, nach welchen Richtlinien Sie vorgehen wollen. Achten Sie darauf, dass alle Kinder sich berücksichtigt fühlen. In dieser Situation geht die Harmonie in der neuen Familie vor. Versuchen Sie nicht, um jeden Preis Ihre (vielleicht richtigen) Ernährungsprinzipien durchzusetzen. Haben Sie auch den Mut, einmal nicht alles unter einen Hut zu bringen. Nehmen wir an, der Mann und seine Tochter genießen jeden Samstagvormittag einen Brunch im Fitnesscenter. Die Frau und ihre Söhne frühstücken lieber in aller Frühe zu Hause, um keine kostbare Zeit zu verlieren. Sie haben zwei Möglichkeiten. Sie können entweder den Kompromiss schließen, abwechselnd das eine und das andere Frühstück zu wählen. Oder Sie entscheiden sich, dass der Samstagvormittag für alle Beteiligten so bleibt, wie er immer war. Versuchen Sie nicht, Einigkeit um jeden Preis zu erzielen. Es kann für das Zusammenleben sehr förderlich sein, wenn alle merken, dass sie nicht jede ihrer Gewohnheiten der Familie opfern müssen.

Alles unter einem Hut ist nicht immer gut.

3. Wohnen

Wie und wo wird die neue Familie ihr Zuhause haben? Wenn ein guter Kontakt zum anderen Elternteil besteht, ist zu fragen, ob die Entfernung zu dessen Wohnung in etwa gleich bleibt oder ob das Kind es plötzlich weiter hat. Ist es damit einverstanden, eventuell die Schule zu wechseln, sich in eine neue Umgebung einzuleben? Hat das Kind weniger Raum in der neuen Wohnung? Wird vielleicht ein Kinderzimmer aufgeteilt, soll der Partyraum plötzlich ein Hobbykeller für den neuen Partner werden? Diese Fragen sind besonders für Jugendliche wichtig. An den Wochenenden hat sich ein 16-Jähriger ganz gut mit dem 13-jährigen Sohn des neuen Partners verstanden. Aber will er ihn jetzt auch als ständigen Mitbewohner in seinem Jugendzimmer? Der Grundschüler ging gern mit allen seinen Freunden gemeinsam zur Schule. Wie wird es ihm gehen, wenn er in Zukunft einen anderen Schulweg hat, vielleicht sogar mit dem Bus

Jeder braucht seinen eigenen Bereich.

fahren muss? Diese Fragen lassen sich leider oft nur mit Kompromissen lösen. Bezahlbare Wohnungen, gerade für größere Familien, sind nicht leicht zu finden. Während jüngere Kinder sich leichter an neue Verhältnisse anpassen, haben gerade Jugendliche hier die größten Probleme. Sie brauchen ihren eigenen Bereich, in dem sie niemand stört, und ihnen ist auch der Kontakt zu Gleichaltrigen, die Erreichbarkeit der Freunde und Freizeitstätten besonders wichtig. Das ist nur natürlich und entwicklungspsychologisch bedingt. Jugendliche ab etwa 14 Jahren legen viel Wert auf soziale Anerkennung. Sie haben den Ablöseprozess bereits begonnen und richten schon ihr eigenes Leben in der sozialen Gruppe ein. Für das Glück der Mutter oder des Vaters wird eine 16-Jährige nicht ihr gewohntes Umfeld verlassen wollen. Diese Erkenntnis fällt Eltern schwer. Man hat mit diesem Kind eine gemeinsame, schwere Zeit erlebt, hat vielleicht schwere Trennungsjahre überstanden und nun will das Kind nicht weiter mitgehen. Das Familienleben, das man selbst vielleicht lange vermisst hat und das jetzt endlich wieder möglich wird, empfindet der oder die Jugendliche als Einengung. Eltern reagieren darauf enttäuscht und fühlen sich unverstanden. In solchen Situationen hilft nur ein offenes Gespräch.

Viele Eltern bieten dem Kind in dieser Situation an, beim anderen Elternteil zu wohnen, der noch in derselben Gegend lebt. Diese Entscheidung fällt sicher nicht leicht, ist aber oft die bessere Lösung, denn Jugendliche sind schon auf dem Weg zur eigenen Familie, die der Eltern ist in ihrem Leben nur noch eine Randerscheinung. Achten Sie darauf, dass der liebevolle Umgang mit dem fast erwachsenen Kind erhalten bleibt, ganz gleich, wo es lebt. So können Sie sicher sein, dass ein guter Umgang mit dem Kind auch nach der Pubertät möglich ist. Reagieren Sie auf keinen Fall beleidigt, wenn Sie nicht mehr der Mittelpunkt im Leben Ihres Kindes sind. Der Ablöseprozess des Jugendlichen von der Familie ist notwendig und er ist kein spezielles Problem der Patchwork-Familie, er findet auch in den ganz „normalen" Familien statt.

Die Ablösung des Jugendlichen hat nichts mit der Patchwork-Familie zu tun.

4. Gäste

Jedes Kind hat spätestens mit Eintritt ins Schulalter eigene Freunde, die ihm viel bedeuten. Wenn ein weiterer Erwachsener und zusätzlich auch noch dessen Kinder in der gleichen Wohnung leben, verändert sich der Umgang mit den Spielkameraden zwangsläufig. Vaters Partnerin bringt einen Sohn mit und er sitzt plötzlich immer mit dabei, wenn Florian von seinem besten Freund besucht wird. Carla genießt die Teestunden mit Ihrer Freundin und der kleine Sohn von Mutters neuem Partner läuft ständig ohne anzuklopfen in ihr Zimmer. Die Kinder haben vielleicht den Willen zu einer Familie zusammenzuwachsen, wissen aber oft nicht, wie sie es anstellen sollen. Hier schaden elterliche Zwänge ebenso wie falsche Rücksichtnahme und Toleranz. Je älter das betreffende Kind ist, umso wichtiger ist ihm ein eigenes soziales Umfeld. Deshalb sollte jeder lernen, die Grenzen des anderen zu respektieren.

Das Kind hat ein eigenes soziales Umfeld.

Garantieren Sie, dass die Kinder ungestört Besuch empfangen können und auch weiterhin Freunde besuchen dürfen, ohne andere Kinder einbeziehen zu müssen. Freunde muss jeder sich allein suchen und seine Freunde zu teilen, kann man niemanden zwingen. Gerade in einer so schwierigen Phase wie dem Start einer Patchwork-Familie braucht der Jugendliche Gleichaltrige zum Austausch und um sich von ihnen angenommen und verstanden zu fühlen. „Meine Freunde sind deine Freunde“ ist eine Forderung, die die Kinder nicht erfüllen können. Vielmehr brauchen sie ihre gewohnten Kontakte, um weiterhin ein Stück Normalität zu fühlen. Die „neuen Geschwister“ müssen ja auch nicht alles mitbekommen, das sollten die Eltern respektieren.

Übung

Erklären Sie sich

Schaffen Sie für diese Übung eine freundliche Atmosphäre und achten Sie darauf, dass möglichst keine ungeklärten Konflikte im Raum stehen. Setzen Sie sich am besten in eine Runde. Jeder sollte Augenkontakt zu jedem anderen Familienmitglied aufnehmen können. Zusätzlich brauchen Sie ein Wollknäuel. Einer beginnt, mit dem Wollknäuel in der Hand. Er formuliert eine Botschaft an die anderen, die etwas über ihn aussagt. Solche Botschaften beginnen grundsätzlich mit „Ich“ und können die unterschiedlichsten Inhalte haben.

„Ich freue mich auf unseren Urlaub.“

„Ich bin enttäuscht darüber, dass Oma und Opa am Wochenende nicht kommen können.“

„Ich ärgere mich über die Schuhe, die im Flur herumliegen.“

Wichtig ist, dass nicht über andere gesprochen wird, Wörter wie „du“, „ihr“ oder „wir“ sind ausnahmsweise nicht gestattet. Wenn die Botschaft ausgesprochen wurde, wird das Wollknäuel jemandem zugeworfen, der dann als nächster an der Reihe ist. Allerdings wird der Anfangsfaden des Knäuels festgehalten. So geht es weiter, wobei jeder den Faden fest-

hält, bevor das Knäuel weiterwandert. Auf diese Art entsteht ein Netz aus Wollfäden zwischen allen Anwesenden. Dieses Netz stellt die Verbindungen dar, die dadurch entstehen, dass die einzelnen Mitspieler sich kennen, etwas über sich erfahren haben.
Machen Sie sich Ihr Netz bewusst und sprechen sie darüber, wie eng und tragfähig ihr Netz geworden ist. Ganz wichtig bei dieser Übung ist, dass keine Botschaft beantwortet, bewertet oder kommentiert wird. Jeder hat das Recht, seine Aussage zu treffen. Die anderen hören zu, mehr nicht. Dadurch wird vermieden, dass eine Atmosphäre entsteht, in der nicht jeder wagt, alles zu sagen, was ihn bewegt. Außerdem ist sie ein gutes Training dafür, in einer Familie eine offene und tolerante Stimmung zu schaffen. Nur wenn es möglich ist, über sich selbst zu sprechen, kann Vertrauen und Bindung entstehen.

Weitere Personen, die bei der zweiten oder dritten Familiengründung eine Rolle spielen, sind die Expartner des neuen Paares. Nicht einmal drei Prozent der Kinder leben bei allein erziehenden Vätern, daher kommt es meistens zu der Konstellation „Mutter mit Kindern trifft auf Mann ohne Kinder". Der männliche Part in der Patchwork-Familie hat oft als „Wochenend- oder Ferienvater" Pflichten und Aufgaben gegenüber Kindern zu erfüllen, die aus seinen Vorbeziehungen stammen. Für das Patchwork-Paar gibt es im Hintergrund immer mindestens einen Exmann oder eine Exfrau, meistens sogar beides. Diese Partner sollten erfahren, was Sie vorhaben. Sie müssen es nicht billigen oder Ihnen dabei helfen, das neue Haus zu renovieren, aber auch sie werden in Zukunft mit Kindern umgehen müssen, deren Familiengefüge sich

Die Expartner sind auch betroffen.

verändert hat. Neustart hin oder her, auch die Expartner des Paares sind betroffen und die haben vielleicht gar keine Lust darauf, Sie bei Ihrem neuen Anfang zu unterstützen. Wenn der Sohn das ganze Wochenende bei seinem leiblichen Vater damit zubringt, sich über Mamas neuen Mann zu beschweren, oder die Töchter den Papa vielleicht gar nicht mehr so oft besuchen wollen, weil der Ersatzvater am Wochenende immer seine eigenen Kinder in die neue Familie einlädt, entstehen auch für den Expartner ganz neue Situationen. Ihn auszuschließen ist also völlig sinnlos. Er ist präsent, in Ihrer Biografie ebenso wie in der der gemeinsamen Kinder. Wenn Sie ihn verdrängen, ist er als Schatten anwesend – und das kann belastender sein als hin und wieder ein gemeinsames Kaffeetrinken.

Bemühen Sie sich um eine klare Trennung zwischen Liebesbeziehung und Elternschaft. Das gelingt Ihnen am besten, wenn Sie die vergangene Beziehung nicht ignorieren, sondern als einen Lebensabschnitt mit eigenen Erfahrungen begreifen, die Sie unter anderen zu dem gemacht haben, was Sie heute sind. Im Idealfall setzen Sie sich regelmäßig gemeinsam an einen Tisch und besprechen die Veränderungen, die sich aus der Gründung Ihrer Patchwork-Familie ergeben. Denn für alle beginnt damit ein neuer Lebensabschnitt, der auch neue Möglichkeiten eröffnet.

Entwickeln Sie eigene Rituale.

In einer Patchwork-Familie entwickeln sich seltener eigene Familienrituale. Vielmehr sind bereits viele Rituale doppelt vorhanden. Trotzdem sollten Sie das eine oder andere miteinander teilen, bei dem Sie ganz unter sich sein können. Das stärkt den Zusammenhalt.

Checkliste

1. Achten Sie darauf, dass für Kinder keine Rituale verloren gehen, die Geborgenheit und Zuwendung bedeuten. Hier steht das Bedürfnis des Kindes vor dem Wunsch, als Familie aufzutreten.
2. Zwingen Sie sich selbst keinen Lebensstil auf, der im Gegensatz zu Ihrem bisherigen steht. Wirkliche Nähe entsteht durch Ihre Gefühlsbindung, nicht durch das gleiche Essen auf allen Tellern.
3. Ermöglichen Sie Ihren Kindern weiterhin einen persönlichen Freiraum. Dieser muss sowohl räumlich als auch zeitlich gewährleistet sein. Erwarten Sie nicht, dass Ihre Kinder Ihnen bei Ihrem Neustart helfen.
4. Respektieren Sie, dass Jugendliche sich langsam von der Familie ablösen. Gewöhnen Sie sich an den Gedanken, dass die soziale Umgebung außerhalb der Familie für den Jugendlichen der wichtigste Bezugspunkt ist und auch erst einmal bleiben wird.
5. Führen Sie Gespräche, bevor Sie zusammenziehen. Lassen Sie den Kindern Zeit. So ermöglichen Sie ihnen, freiwillig die neue Situation anzunehmen. Wenn Sie die Kinder hingegen vor vollendete Tatsachen stellen, zeigen diese nicht selten heftige Abwehrreaktionen.
6. Klammern Sie die Expartner nicht aus, wenn gemeinsame Kinder da sind. Sie können sonst zu großen Hindernissen für Ihr Familienglück werden.

Den Entwicklungsstand der Kinder richtig einschätzen

Die meisten Eltern haben bei der Gründung einer Patchwork-Familie keinesfalls nur ihr eigenes Glück vor Augen. Wer lange mit seinen Kindern allein gelebt hat, wünscht sich mitunter eine Familie mit zwei erwachsenen Bezugspersonen, damit weitere Nestwärme und Geborgenheit entstehen und alles wieder „normal" verläuft. Das Familienmodell, dem wir Erwachsene nachhängen und das wir leben wollen, muss aber nicht zwangsläufig mit den Vorstellungen und Wünschen der Kinder übereinstimmen. Kinder haben nicht in erster Linie eine Bindung an das Modell „Familie", sondern zu ihren Bezugspersonen.

Kleinkinder sind auf eine Bezugsperson fixiert.

Ganz kleine Kinder sind mit einer Bezugsperson, in der Regel ist das die Mutter, vollends zufrieden. Ein Kind unter drei Jahren ist daran interessiert, nichts an Zuwendung und Liebe zu verlieren. Ein weiterer Erwachsener oder weitere Kinder im Haushalt sind für das Kleinkind so lange unwichtig, wie sie seine Bindung zur Bezugsperson nicht einschränken. Muss es jedoch befürchten, dass es die notwendige Zuwendung teilen muss, wird es versuchen, die Aufmerksamkeit seines Vaters oder seiner Mutter an sich zu binden. Erwachsene sprechen dann von einem Gewinn für die Entwicklung des Kindes, „So gewöhnt er sich an andere", „Auf diese Art entwickelt sie sich besser". In der Gedankenwelt der Erwachsenen ist das richtig, das Kleinkind empfindet in dieser Situation aber ganz reale Ängste. Auch deshalb kann die Pflege eines Kleinkindes nicht einfach zwischen dem Elternteil und dem neuen Partner geteilt werden. Für Kleinkinder ist Pflege, auch das Windeln und Anziehen, seelische und körperliche Zuwendung, die es von der bekannten Bezugsperson erwartet und von ihr erhalten muss.

Schulkinder brauchen Anerkennung.

Bei Kindern im Vor- und Grundschulalter verstärken sich die Bedürfnisse nach Anerkennung und nach neuen Herausforderungen für seine Fähigkeiten. Sie wollen zeigen, was sie können, wie groß und stark sie bereits sind. Kinder in diesem Alter sind weniger darauf bedacht, nur eine Bezugsperson zu haben. Sie merken, dass sie unterschiedliche Bedürfnisse haben und können auch schon verschiedene Rollen an verschiedene Personen vergeben. Da ist eben die Oma diejenige, die am besten Geschichten vorliest, und der große Bruder wird gefragt, wenn ein Spielkamerad gebraucht wird. Der neue Partner kann also leicht den einen oder anderen Part im Umgang übernehmen. Besonders gut gelingt der Aufbau einer Beziehung dann, wenn der neue Partner eine regelmäßige Aktion oder Tätigkeit findet, die für das Kind neu und interessant ist. So kann der neue Mann in der Familie dem Kind zum Beispiel das Schwimmen beibringen oder die Fahrten zur Musikschule übernehmen. In dieser Entwicklungsphase erleichtert eine Zuwendung solcher Art, die den Bedürfnissen des Kindes entgegenkommt, die Bindung an eine weitere Bezugsperson. Immer, wenn es Lob und Anerkennung durch Ihren neuen Partner erfährt, wird es mit Zutrauen reagieren, denn es erkennt, dass dieser neue Kontakt ihm gut tut.

Ältere Kinder und Jugendliche werden ein zunehmendes Interesse an ihrem eigenen Umfeld zeigen. Sie haben bereits eigene Vorstellungen von Partnerschaft und Familie und hal-

Dem Pubertierenden ist Ihr neuer Partner schnuppe.

ten an diesen auch fest. Es kann passieren, dass die Kinder den neuen Partner zwar als Wahl des Elternteils akzeptieren, jedoch selbst gar keine Beziehung zu ihm aufbauen wollen. Hier sind Toleranz und Geduld unbedingt notwendig. Ein neuer Mann oder eine neue Frau bedeuten für Kinder, gerade in der Pubertät, viel weniger als die Eltern manchmal annehmen. Sie wollen ihre Ruhe haben und die Garantie, dass sich in ihrem Leben nichts Gravierendes ändert. Es gibt eben unterschiedliche Lebensformen, niemand ist diesbezüglich kreativer als die Jugendlichen. Der neue Partner oder die neue Partnerin können Offenheit am besten dadurch zeigen, dass sie nicht versuchen, aus heiterem Himmel die Funktion einer Erziehungsperson zu übernehmen. Die Jugendlichen fühlen sich dadurch nicht angenommen, sondern reglementiert. Erziehung brauchen sie ja sowieso schon lange nicht mehr und Erwachsene, die ihnen Vorschriften machen wollen, gibt es bereits genug.

Jugendliche brauchen Orientierungsmöglichkeiten; die suchen sie sich aber grundsätzlich selbst. Schließlich haben sie ja schon zehn oder mehr Jahre ohne diese Person zugebracht, das muss sich in ihren Augen auch nicht ändern. Und die Partnerschaft wird gefährdet, wenn der leibliche Elternteil das Gefühl bekommt, seine Erziehung sei bisher unzureichend gewesen. Der gröbste Fehler wäre, etwas besser machen zu wollen, was angeblich in der Vergangenheit falsch gelaufen ist. Dieses Unterfangen ist sinnlos, denn der Jugendliche geht jetzt ganz andere Entwicklungsschritte als die der Erziehung. Er findet sich, erlebt seine Sexualität und entwirft sein eigenes Lebenskonzept. Das alles leistet er aus seiner eigenen individuellen Geschichte heraus, die der Ersatzvater oder die Ersatzmutter nicht kennen. So fehlt ihnen der Boden, von dem aus sie agieren können. Lassen Sie den Jugendlichen auf sich zu kommen, bleiben Sie offen und positiv. Behandeln Sie ihn wie einen Erwachsenen. Er ist es im Grunde, nur fehlt ihm noch die eine oder andere Erfahrung. Bei älteren Kindern und erst recht bei Jugendlichen gilt also: Finger weg von der Erziehung und den Weg für ein freundschaftliches Miteinander ebnen.

Familie werden dauert lange.

Neben diesen entwicklungspsychologischen Eigenheiten muss aber für alle Beteiligten klar sein, dass das Zusammenwachsen zu einer Familie ein langer Prozess ist. Etwa fünf Jahre mit Höhen und Tiefen dauert der Aufbau einer stabilen Familienstruktur. Das sollten Sie wissen, bevor Sie sich darauf einlassen, eine Patchwork-Familie zu gründen. Wenn Sie wirklich ein Team geworden sind, werden Sie und die Kinder erheblich älter als heute sein. Sie werden keine Puppenhausidylle erleben. Und eine Kernfamilie wird auch nicht aus den Familienmitgliedern werden.

Berücksichtigen Sie auch, dass Ihre beruflichen und sonstigen privaten Pläne in dieser langen Aufbauphase keine stabile familiäre Basis haben. Viele Erwachsene möchten, nach einer längeren Zeit des Alleinseins, endlich ihr ganzes Leben positiv umstellen. Die Kraft, die sich aus der Hoffnung auf eine harmonische Familie ergibt, kann so zum Motivationsschub für weitere Veränderungen werden. Doch wenn Sie gleichzeitig noch den Job wechseln und in eine fremde Stadt ziehen möchten, werden Sie wenig Zeit und Kraft in die Familie investieren können. Betrachten Sie während dieser Aufbauphase die Familie auf jeden Fall als Ihren Schwerpunkt. Hin-

Familie ist wie ein Nebenjob, den man ernst nehmen soll.

dernisse, die nicht leicht zu überwinden sind, werden nicht lange auf sich warten lassen und wenn sie als Erwachsene dann ausfallen, weil Sie gerade anderweitig beschäftigt sind, wird Ihre Familie es dadurch nicht leichter haben. Stellen sie sich die Familie ganz profan als ehrenamtlichen Nebenjob vor, der Kraft und Zeit kostet. Nehmen Sie diesen Nebenjob sehr ernst, denn es handelt sich um Menschen, mit deren Hoffnungen und Bedürfnissen Sie zu tun haben. Und je mehr Personen betroffen sind, umso anstrengender wird er.

Übung

Verdrehte Familie

Die folgende Übung erfordert Mut und kann mit Kindern ab etwa fünf Jahren durchgeführt werden. Besonders reizvoll ist sie mit Jugendlichen, die schon ein festes Bild von Liebe und Beziehung haben. Unterschiedliche Altersstufen der Kinder sind nicht problematisch, erfordern aber Geduld gegenüber den jüngeren Kindern. Nehmen Sie sich mindestens eine Stunde Zeit für diese Übung.

Sie vertauschen einfach einmal die Rollen. Einer der Erwachsenen tauscht mit einem der Kinder. Der andere Erwachsene bleibt in seiner Rolle. Jetzt führen die beiden ein Gespräch darüber, dass sie gern zusammen leben möchten. Das Kind kann so zeigen, wie es sich in der Rolle des Erwachsenen fühlt und in dessen Lage verhalten würde. Die Erwachsenen erfahren, wie die Kinder die Situation erleben. Und der Erwachsene, der in die Kinderrolle geschlüpft ist, kann seine Vermutungen darüber anstellen, was wohl im Kind vorgehen mag. Je nach Größe Ihrer Patchwork-Familie führen Sie dieses Rollenspiel an verschiedenen Tagen durch. Ermöglichen Sie aber auf jeden Fall jedem Kind, einmal in die Rolle eines Erwachsenen zu schlüpfen. Die Rolle eines leiblichen Eltern-

teils ist unter Umständen leichter als die des Partners. Wenn Sie dann zusammen über die einzelnen Spielrunden sprechen, erfahren Sie die Meinung die Mitspieler über das ganze Vorhaben und auch wie jeder sich in den Augen des anderen verhalten wird oder würde. So können Fehleinschätzungen aufgeklärt werden und gleichzeitig übt jeder, sich in die Situation des anderen hineinzufühlen.

Checkliste:

1. Zwingen Sie dem Kleinkind den Ersatzelternteil nicht als Bezugsperson auf. Das Kind könnte das als Verlust von Zuwendung durch die bisherige Bezugsperson werten.
2. Geben Sie einem Kind zwischen vier und etwa zehn bis zwölf Jahren Anerkennung und fordern Sie es heraus, Neues zu lernen und die eigenen Fähigkeiten zu entwickeln. So wird es am ehesten Vertrauen zu Ihnen entwickeln.
3. Akzeptieren Sie, dass Jugendliche bereits einen eigenen Lebensentwurf haben. Dieser ist in den Augen der Erwachsenen oft starr und unflexibel. Der Jugendliche braucht Ihre Toleranz und Offenheit, um sich nicht bevormundet oder in seiner Entwicklung behindert zu sehen.
4. Planen Sie eine längere Zeit ein, in der Sie Ihre Energien vordringlich in die Familie investieren. Vermeiden Sie gleichzeitig zur Familiengründung eine berufliche Neuorientierung oder einen anderen einschneidenden Schritt in Ihrem Leben.

Rollen können nicht erzwungen werden

Manch einer hat kaum die rosarote Brille der ersten Verliebtheit abgenommen und gleich eine neue aufgesetzt: Die Heile-Familie-Brille. Die Chance auf eine neue Familie kann ähnlich unrealistische Träumereien hervorrufen wie eine neue Liebe. Die Partner stellen sich alles wunderschön vor. Er wollte schon immer gern eine kleine Schwester für seinen Sohn, sie freut sich, endlich einen großen Sohn zu haben. Die Erwachsenen sehen die neue Familie als reinen Gewinn für die Kinder. Und damit auch alles von Anfang an so läuft, wie die bunte Brille es vorgaukelt, haben die Partner einen Plan im Kopf, der jedem eine ganz bestimmte Rolle in der Familienidylle zuweist. Das ist den Erwachsenen oft selbst nicht bewusst, der Plan bildet sozusagen den Hintergrund ihres Denkens und Handelns, wirkt dadurch auf die einzelnen Personen und kann am Ende die Ursache dafür sein, dass aus der Familienidylle ein Familiendrama wird.

Die Vorstellungen, die sich die Eltern machen, werden als Erwartungen an die Kinder herangetragen. Kinder, gerade vor der Pubertät, sind in der Lage, die Erwartungen der Eltern auch dann zu spüren, wenn sie nicht ausgesprochen werden. Und um den Eltern zu gefallen, wird jedes Kind versuchen, diese Erwartungen zu erfüllen. Schwierig wird es, wenn sich die elterlichen Erwartungen nicht mit den Bedürfnissen der Kinder in Einklang bringen lassen. Was, wenn der große Bruder gar kein Interesse an einer kleinen Schwester hat? Was, wenn die Kinder des Partners es einfach nicht schaffen, auf das Prestigegymnasium zu wechseln, das die eigenen Kinder besuchen?

Fragen Sie sich, welche Vorstellungen Sie von dem neuen Familienleben haben und wie fest diese in Ihrem Denken verankert sind. Welche Kompromisse können Sie eingehen? Wie flexibel sind Sie und Ihr neuer Partner? Viele unserer eigenen Erwartungen bemerken wir gar nicht, obwohl oder gerade weil sie so fest in unserem Kopf verankert sind.

Erwarten Sie nicht zu viel von den Kindern.

Stellen Sie sich vor, Heidrun und ihre Tochter Vanessa spielen für ihr Leben gern Karten. Die beiden freuen sich darauf, dass Thorsten mit seinem Sohn Olli bald einziehen wird. „Dann können wir zu viert Karten spielen, das macht viel mehr Spaß", bestätigen die beiden sich gegenseitig. Doch Olli mag Karten überhaupt nicht, er ist eine Leseratte und hält gemeinsames Spielen sowieso nicht für eine tolle Sache. Heidrun und Vanessa sind enttäuscht, Thorsten ist es peinlich, dass sein Sohn ein solcher Spielverderber ist. Es entsteht ein Konflikt zwischen Thorsten und Olli, weil der Vater sich von seinem Sohn im Stich gelassen fühlt. Olli wird aber seine schlechte Laune auch an den beiden anderen auslassen, denn schließlich haben die beiden ja die Idee gehabt. „Wären wir doch bloß nicht hier eingezogen", ist Ollis Gedanke. „Was sollen wir mit dem Spielverderber denn anfangen?", wird Vanessa denken. So ergibt sich eine negative Stimmung, die alle Beteiligten ratlos werden lässt. Thorsten will sich vielleicht vor Heidrun rechtfertigen, Vanessa nörgelt an der Mutter herum.

Die Nerven können in solchen Situationen sehr schnell blank liegen. Auf einmal war das Zusammenleben gar keine gute Idee mehr. Wie kann diese Art von Frustration vermieden werden? Die einzige Möglichkeit ist, sich im Vorfeld über die

Werden Sie sich klar über Ihre Erwartungen.

eigenen Erwartungen und Vorstellungen im Klaren zu sein. Hören Sie in sich hinein und finden Sie heraus, was Sie sich von der Patchwork-Familie versprechen. Worin bestehen Ihre Hoffnungen? Welche Anforderungen stellen Sie an die anderen? Befragen Sie sich selbst bis ins kleinste Detail. Und wenn Sie sicher sind, dass Ihnen keine eigene Erwartung entgangen ist, dann besprechen Sie Ihr Ergebnis mit den anderen. Ergründen Sie, ob Sie ein richtiges Bild von der anderen Person haben. Und akzeptieren Sie auch die Aussagen des Gesprächspartners.

Aussitzen hilft nicht.

Denken Sie nicht, dass sich alles schon noch nach Ihren Vorstellungen entwickeln wird. Wer Ihnen klipp und klar sagt, dass er keine Lust hat, der Beschützer für ein Kindergartenkind zu sein, meint das so. Wenn sich seine Einstellung irgendwann einmal ändert, ist das schön. Aber vorerst finden Sie sich damit ab, dass Sie weiterhin selbst zum Spielplatz gehen müssen. Und wenn Ihr Partner Ihnen monatelang nicht den Gefallen getan hat, Ihre jugendliche Tochter zur Disco zu fahren, wird er das auch nicht tun, nachdem Sie in eine gemeinsame Wohnung gezogen sind. Eine Partnerin, die grundsätzlich darauf besteht, dass der Samstag ihr kinderfreier Tag ist, wird das nicht ändern, nur weil plötzlich eine neue Lebens- und Wohngemeinschaft entstanden ist. Und wenn sich jemand am Anfang für eine Familie stark verändern muss, kommt es mit Sicherheit später zu Unzufriedenheiten und Frustrationen.

Der Anspruch, jemand möge sein gesamtes Leben oder zumindest wichtige Prioritäten einfach über Bord werfen, geht häufig direkt nach hinten los. Finden Sie sich damit ab, dass die anderen keine Schauspieler auf Ihrer Bühne sind. Jeder von Ihnen hat sich mehr oder weniger lange sein eigenes Leben eingerichtet. Mit diesem Leben haben Sie sich kennen und lieben gelernt. Warum sollte ein Mensch sich verändern, der doch vorher noch genau Ihrem Geschmack entsprach – vielleicht gerade weil er so war, wie er war. Sie sind nicht der Regisseur in einem selbst gemachten Film. Die Patchwork-Familie gleicht eher einem Improvisationstheater. Hier agieren die Spieler aus der Situation heraus gerade so, wie es ihnen passt. Jeder gestaltet seine Rolle in der Patchwork-Familie aus den Anweisungen, die seiner individuellen Persönlichkeitsstruktur zu Grunde liegen.

Eine Patchwork-Familie ist wie ein Improvisationstheater.

Oft ist Unsicherheit auf Seiten der Erwachsenen die Ursache für ein starres Rollenkorsett, das die Patchwork-Familie scheitern lässt. Gerade in einer jungen Beziehung spielen Sicherheit und Geborgenheit eine große Rolle. Außerdem soll der andere verliebt bleiben, er soll sich freiwillig möglichst stark binden. Dazu muss er sich wohl fühlen, es muss ihm gut gehen. Viele setzen sich selbst unter Druck, überfordern sich und wollen einfach perfekt sein. Wenn dann noch einer der Partner glaubt, zu einem Exmann oder einer Exfrau in Konkurrenz treten zu müssen, geht schnell alles schief. Versuchen Sie also, sich selbst zu stabilisieren, und achten Sie auf genügend Freiräume für sich und die anderen.

Setzen Sie sich nicht selbst unter Druck.

Wie jeder Neuanfang bietet auch eine neue Familie zunächst die besten Chancen, alte Fehler zu vermeiden. Zeigen Sie Ihre Grenzen und gehen Sie nicht hinter diese Grenzen zurück, weil Sie so sehr verliebt sind. Wenn Sie sich selbst keine Freiheit erlauben, können Sie den anderen auch keine Frei-

Pflegen Sie Ihr Selbstwertgefühl.

heiten zugestehen. Der Hinweis mag Ihnen ziemlich simpel vorkommen, aber es ist von größter Bedeutung, dass Erwachsene in einer Beziehung ihr Selbstwertgefühl ständig pflegen und bei Bedarf auch weiter ausbauen. Das gute Gefühl, geliebt zu werden, reicht nicht aus, wenn es mal etwas kälter wird in der Beziehung zum Partner. Sie brauchen die Sicherheit, dass Sie eine liebenswerte Person sind. Der andere hat sich schon einmal auf Sie eingelassen, wahrscheinlich waren Sie in dieser Phase ganz und gar nicht perfekt. Oft sind es gerade die kleinen Schwächen, die einen Menschen liebenswert und attraktiv machen.

Es gibt darüber hinaus auch ein Rollendenken, das das weitere Umfeld der Familie mit einbezieht. Wie gehen die Eltern beispielsweise damit um, dass die Eltern des Mannes die Kinder der Frau nicht sehen wollen, zu ihnen keinen Kontakt suchen? Und wie soll der Mann damit fertig werden, dass seine Kinder nicht von den Freunden der Frau mit eingeladen werden?

Wie wirkt die neue Familie auf Ihre Umgebung?

Eine Patchwork-Familie verlangt ihrer Umgebung viel ab. Sie überraschen Ihren Bekanntenkreis mit mehreren neuen Kontaktpersonen. Es ist durchaus möglich, dass Ihre bisherigen Freunde davor zurückschrecken, zukünftig eine Großfamilie einzuladen. Sie dürfen nicht selbstverständlich auf die Unterstützung Ihres Umfeldes rechnen, wenn Sie sich auf das Abenteuer Patchwork-Familie einlassen. Vergessen Sie nicht, Sie selbst haben sich für diese neue Lebensform und auch für den Partner entschieden. Nicht jeder, der zu Ihnen eine Bindung hat, kann oder will diese Bindung einfach auf die anderen ausdehnen. Nicht alle Freundinnen und Freunde müssen

Ihren neuen Partner mögen. Und seine Kinder auch nicht. Sie haben ja eventuell schon die Familien Ihrer Partner kennen gelernt, bevor Sie sich entschlossen haben zusammenzuziehen. Sie wissen, wie Ihre Verwandten und Freunde zu Ihrem Vorhaben stehen.

Schalten Sie Störfaktoren aus.

Seien Sie egoistisch. Sorgen Sie dafür, dass Störfaktoren vor der Tür bleiben. Sie haben mit sich selbst genug zu tun. Und wenn Sie keine Probleme und Konflikte zu lösen haben, nutzen Sie diese Zeit zur Erholung und Ruhe. Genießen Sie Zweisamkeit und Familie, wann immer es Ihnen möglich ist. Das ist Ihre vordergründige Aufgabe in den ersten Monaten in der neuen Familie, mehr müssen Sie nicht leisten. Wenn Menschen neu aufeinander treffen und beschließen, miteinander zu leben, dann um sich zu genießen. Der Sinn Ihrer Gemeinschaft kann nicht darin liegen, sich an der Meinung der Umwelt zu orientieren. Probleme in ausreichender Zahl werden Sie auch ohne das Zutun Außenstehender bekommen. Sie können jetzt keine Rücksicht auf Menschen nehmen, die Ihnen Ärger bereiten. Sie brauchen Hilfe und Unterstützung in Ihrem Umfeld. Also lassen Sie zumindest vorübergehend den Kontakt zu Störenfrieden ruhen. Setzen Sie die Familienmitglieder auf keinen Fall der Ignoranz oder Missgunst Übelwollender aus. Gerade während Sie sich näher kommen, ist das Gift für Sie und Ihre Lieben! Überlegen Sie sich lieber, welche Wünsche Sie sich erfüllen möchten. Kuscheln und Toben mit den Kindern ist nicht drin, weil die beste Freundin immer am Sonntagvormittag stört? Dann machen Sie Ihre Wünsche und die der Kinder ab sofort zur Priorität Nummer eins. So hart es klingen mag, die neue Familie dient Ihrer gemeinsamen Befriedigung und darin soll

Ihre Hauptbeschäftigung liegen. Denken Sie einmal darüber nach, wie viele Konflikte zwischen Menschen allein durch Zeitmangel entstehen. Und wenn Ihnen dieser Zusammenhang bewusst ist, fällt es Ihnen nicht mehr schwer, störende Einflüsse zu vermeiden.

Checkliste:

1. Denken Sie sich keine Rollen für die anderen Familienmitglieder aus. Lassen Sie den beteiligten Personen die Möglichkeit, sich selbst zu finden und aus sich heraus zu agieren.
2. Achten Sie darauf, dass auch Ihre persönlichen Bedürfnisse befriedigt werden. Denn Ihre eigenen Unfreiheiten und Einschränkungen wirken sich negativ auf die anderen aus.
3. Lassen Sie Störenfriede vor der Tür stehen. Sie brauchen Unterstützung, keine Stolpersteine.

Jedes Kind wünscht sich glückliche Eltern

Nicht nur die Kinder sollen in der neuen Familie glücklich werden! Wer sich für andere opfert, kann keinem etwas geben! Die Erwachsenen sollten auch an sich selbst denken, Loyalitätskonflikte vermeiden, nicht „blind“ sein vor Liebe und dem Kind eigene Gefühle erlauben!

Glückliche Eltern haben glückliche Kinder.

Die Weisheit ist alt und in aller Munde – glückliche Eltern haben glückliche Kinder. Doch in der Praxis des Alltags ist es nicht immer leicht, diese Überzeugung auch umzusetzen. Kinder spüren sowohl die inneren als auch die äußeren Konflikte der Eltern. Jede Störung in der Emotionalität der Eltern wird wahrgenommen, je jünger das Kind, umso deutlicher und unmittelbarer spürt es, wie es um das Gefühlsleben vor allem der Mutter steht.

Vergessen Sie sich selbst nicht

... und wie werden Sie glückliche Eltern?

Um glücklich zu sein ist es wichtig, dass die Eltern sich nicht zerreißen zwischen dem Wohl des Kindes, den Anforderungen des neuen Partners und den eigenen Gefühlen. Bleiben Sie in Ihrer Mitte. Überprüfen Sie, wo Sie nach Ihren eigenen Vorstellungen Ihr Leben und Ihre Beziehung gestalten und wo Sie sich von anderen manipulieren lassen.

- Müssen Sie Ihren ehemaligen Partner wirklich ablehnen? Oder nehmen Sie die aggressive Haltung ihm gegenüber nur noch ein, weil Sie es nicht anders gewohnt sind?

- Wollen Sie wirklich jeden Tag pünktlich um 18 Uhr das Abendessen mit frischem Salat servieren? Oder geben Sie sich diese Mühe nur, weil sie befürchten, Ihr neuer Partner würde sonst nicht zum Essen nach Hause kommen?

- Sind Sie zu den Kindern Ihres neuen Partners so freundlich, weil sie Ihnen sympathisch sind, oder halten Sie es für Ihre Pflicht?

Nur wenn Sie autonom bleiben, werden Sie Ihren Kindern Sicherheit und Geborgenheit geben können. Nur wenn Sie sich selbst nicht aus den Augen verlieren, werden die anderen Sie beachten können. Wagen Sie, Ihr eigenes Leben auch dann zu führen, wenn Sie eine neue Beziehung eingehen oder sogar eine neue Familie aufbauen wollen. Ihre Kinder werden es merken, wenn Sie nur noch eine Marionette sind, die von selbst auferlegten Zwängen, den Erwartungen anderer und von schlechten Kompromissen abhängt. Das ist damit gemeint, dass Kinder das Glück der Eltern wollen.

Nehmen Sie sich Zeit für sich!

Sie können natürlich sagen, dass Sie gerade jetzt so viel zu bewältigen haben, dass Sie wenig oder gar keine Zeit für sich haben. Doch das ist eine falsche Rechnung. Je höher die Belastung, umso intensiver müssen Sie für sich sorgen. Da helfen Ihnen nur eine gute Zeitplanung und viel Konsequenz mit sich selbst. Vergessen Sie nicht, wie wichtig Ruhe und Entspannung sind, wenn Sie belastbar bleiben wollen. Sie können einen Teil der notwendigen Maßnahmen auch gemeinsam mit anderen Familienmitgliedern erleben. Planen Sie aber konkret. „Wir gehen am Wochenende mal spazieren", ist zu schwach, wenn die Großeltern zu Besuch kommen und die Bügelwäsche sich türmt. Schreiben Sie nicht nur Arztbesuche und Elternsprechtage in Ihren Kalender, sondern auch Entspannungspausen, Spielstunden und all das, was Ihnen als Familie und auch als Einzelperson gut tut.

Stellen Sie Ihre Zeitplanung auf eine Planung für die Gesamtfamilie um. Jedes geplatzte Vorhaben, jeder unerfüllte Wunsch schlägt Ihnen auf die Stimmung. Das schadet der Liebe und dem Glück zu zweit. Vielleicht helfen Ihnen die folgenden

Eine gute Zeitplanung hilft Ihnen.

Grundregeln der Zeitplanung, um sich selbst und Ihrer Beziehung zu den Kindern gerecht zu werden. Trainieren Sie diese Art von Planung gründlich. Sie erfordert am Anfang große Disziplin. Später allerdings hilft Sie Ihnen, Zeit und Kraft zu sparen und Enttäuschungen zu vermeiden.

1. Notieren Sie alle Termine, die jedes einzelne Mitglied der Familie hat, in einem Familienplaner. Der Handel hält inzwischen eine Vielzahl der unterschiedlichsten Kalender für Familien bereit. In diesen Kalendern kann jeder eine eigene Spalte nutzen, so dass eine gute Übersicht gewährleistet ist. Verpflichten Sie sich gemeinsam, die Termine möglichst frühzeitig anzugeben. Gerade wenn jüngere Kinder im Haushalt leben, die noch nicht allein gelassen werden können, ist eine Absprache von Terminen sinnvoll und erleichtert den Alltag.

2. Legen Sie eine Frist für das Treffen von Verabredungen fest, die nicht unterschritten werden soll. Spontaneität ist gut, aber sie darf keinesfalls zu Lasten der Familienzeit gehen. Im Klartext bedeutet das, dass die Übernachtung bei der Freundin zum Beispiel mindestens drei Tage vorher angekündigt sein muss oder der Kegelabend mit den Kollegen nicht erst um 17 Uhr beschlossen werden kann, wenn er am selben Tag um 20 Uhr stattfinden soll.

3. Lernen Sie, die Familienzeit zu verteidigen. Jedes Familienmitglied soll sie zu schätzen wissen und daher auch dazu beitragen, dass sie eingehalten wird. Legen Sie miteinander fest, wie viel Zeit Sie täglich oder wöchentlich der Familie widmen wollen. Diese Zeit wird ebenfalls im Kalender markiert und behandelt wie andere verbindliche Termine. Das gemein-

same Abendessen zum Beispiel kann ein solcher Termin sein. Er ist genauso unumstößlich wie ein Besuch beim Steuerberater oder der Geburtstag des Patenkindes. Ihre neue Familie gehört zu Ihren Lebensprioritäten und muss entsprechend behandelt werden. Da heißt es in erster Linie Pflege, und Pflege bedeutet in diesem Zusammenhang Zeiteinsatz.

4. Planen Sie nicht zu eng. Profis der Zeitplanung empfehlen, mindestens 40 Prozent der verfügbaren Zeit frei zu lassen. Es kommen gerade in größeren Familien immer wieder Dinge dazwischen, die sonst Ihre ganze Planung scheitern lassen.

5. Berücksichtigen Sie neben den persönlichen Terminen jedes einzelnen Familienangehörigen auch die Familienzeit und die Freizeit, die zum Beispiel Vater und Mutter sowohl allein als auch zu zweit verbringen möchten. So verschaffen Sie sich einen Überblick über den Zeitbedarf im Ganzen und sehen schnell, an welcher Stelle Sie überlastet sind oder unrealistische Vorstellungen haben.

6. Planen Sie als Erwachsene mindestens 3 Stunden pro Woche ein, die Sie ganz zu Ihrer eigenen Freude nutzen. Der Friseurbesuch oder das Einkaufen in aller Ruhe sollten nicht dazu gehören. Am besten gehen Sie in dieser Zeit ganz Ihren eigenen Interessen nach. Niemand aus der Familie sollte einen Nutzen aus dem ziehen, was Sie in dieser Zeit tun. Sie müssen nichts für die Familie herstellen, ordnen oder regeln. Sie sollten vielleicht sogar für sich behalten, was Sie tun. Das Gefühl, etwas ganz für sich allein zu haben, gibt Ihnen einen Ausgleich zu all den Kompromissen, die Sie im Zusammenleben eingehen.

Zum Abschluss schlage ich Ihnen noch verschiedene Möglichkeiten vor, die Sie nutzen können, wenn Sie sich nach einer Pause sehnen und neue Kraft schöpfen wollen. Diese Anregungen ersetzen aber kein wirkliches Fitness- und Wohlfühlprogramm. Sie dienen lediglich der kurzen Entspannung zwischen zwei Alltagssituationen. Nie wieder werden Sie Entspannung so leicht in Ihre Familie integrieren können wie jetzt am Anfang. Versäumen Sie diese Gelegenheit nicht.

Wohlfühltipps:

1. Mit kleinen Kindern

Wenn Kleinkinder im Haushalt betreut werden, bleibt oft wenig Zeit für die Erwachsenen. Ruhe und Erholung kommen zu kurz, dadurch entstehen Unzufriedenheit und eine gereizte Atmosphäre. Mit lebhaften und tatendurstigen Kleinkindern gemeinsam zu entspannen fällt schwer. Nutzen Sie die Phasen, in denen das Kind schläft oder allein spielt nicht zum Bügeln oder Putzen. Legen Sie stattdessen eine Entspannungs-CD ein und ruhen Sie mindestens 20 Minuten aus. Unterschätzen Sie Ihre Belastung nicht, auch Verliebtsein kostet Kraft.

2. Mit Kindergarten- und Grundschulkindern

Sicher verbringen Sie gern viel Zeit mit den Kindern. Steigen Sie von Malbüchern doch mal auf Mandalablöcke um. So können die Kleinen nach Herzenslust ihre Kreativität entdecken und Sie setzen sich dazu und nutzen den beruhigenden Effekt des Malens ebenfalls. Der Buchhandel hält Mandalavorlagen für jedes Alter bereit. Gerade Grundschüler können diese Technik auch nutzen, um danach umso konzentrierter ihre Hausaufgaben zu erledigen.

3. Entspannung allein
Eine Entspannungsmethode zu beherrschen ist wichtig. Nutzen Sie die Gelegenheit, wenn die Volkshochschule oder eine andere Einrichtung Kurse anbietet. Vielleicht machen Sie gemeinsam mit Ihrem Partner einen Kurs im Autogenen Training oder der Progressiven Muskelentspannung. Das stärkt Ihre Vertrautheit und zudem haben Sie beide einen persönlichen Nutzen. Für einige Minuten im Alltag können Sie auch eine Visualisierung anwenden. Setzen Sie sich bequem hin oder legen Sie sich auf den Rücken. Atmen Sie durch die Nase etwa drei Sekunden lang in den Bauch hinein. Atmen Sie durch den Mund etwa fünf Sekunden lang aus. Beobachten Sie nur Ihren Atem, der ein- und ausfließt. Lassen Sie Ihre Gedanken an sich vorüber ziehen. Stellen Sie sich vor, Sie sitzen am Strand, Sie hören die Wellen leise plätschern und die Sonne wärmt Ihren Rücken. Schon fünf Minuten intensiver Vorstellung gibt Ihnen kurzfristig neue Kraft. Sie können durch diese kurzen Auszeiten einen klaren Blick bekommen und vermeiden, dass Sie durch die Tage hetzen, ohne sich selbst zu spüren.

4. Entspannung zu zweit
Vermeiden Sie es, Ihre gemeinsamen Abende vor dem Fernseher zu verbringen, sobald Sie in einer gemeinsamen Wohnung leben. Als verliebtes Pärchen ist Ihnen vieles eingefallen, was Ihnen Freude gemacht hat. Jetzt können Sie viele dieser Gewohnheiten weiter ausbauen. Vielleicht gehen Sie nicht mehr so häufig essen, aber Sie könnten einen gemeinsamen Kochabend einführen. Oder Sie lernen, sich gegenseitig mit Klangschalen oder anderen Entspannungshilfen wohl zu tun. Wenn Sie Rituale, die entspannend und beruhi-

gend wirken, von Anfang an festigen, werden Sie Stress belastete Zeiten besser überstehen. Und Ihnen geht die Liebe zueinander trotz Alltagssorgen nicht verloren.

Checkliste:

1. Vermeiden Sie Stress dadurch, dass Sie realistisch planen.
2. Machen Sie Ihre Familie zur Priorität in Ihrem Leben und erwarten Sie dasselbe auch von Ihrem Partner.
3. Führen Sie gleich zu Beginn des Lebens in der Patchwork-Familie Entspannungszeiten ein. Was von Anfang an die Regel ist, wird später schnell zur Gewohnheit.

Vermeiden Sie den Loyalitätskonflikt – Kinder haben eigene Bindungen

Selten geht eine Beziehung in völliger Eintracht und Friedfertigkeit auseinander. Verletzungen, Enttäuschung und auch Wut lassen sich meistens nicht ganz vermeiden. Umso größer kann die Erwartung sein, die der neue Partner weckt. Er ist ganz anders als der Ex, hat mehr Verständnis, ist liebevoller und kinderfreundlicher. Und weil das so ist, soll es auch jeder zur Kenntnis nehmen. Unter das Vergangene wird ein Strich gezogen, die Zukunftsaussichten sind großartig und vielversprechend. Jetzt soll der Ex aber bitte auch nicht mehr stören, am liebsten sollte er vergessen sein.

Wenn Erwachsene sich trennen, bemühen Sie sich um eine Ablösung sowohl auf äußerer als auch auf innerer Ebene. Wenn alles gut verläuft, ist diese Ablösung abgeschlossen, wenn eine neue Bindung ansteht. Leider ist das nicht immer der Fall, manchmal ist die neue Bindung sogar der Auslöser für eine Trennung.

Kinder erleben Ihre Trennung anders als Sie.

Kinder erleben die Trennung der Eltern völlig anders als die Erwachsenen. Sie lassen sich ja nicht von einem Elternteil scheiden. Mit ihnen geschieht etwas, was sie sich nicht ausgesucht haben und wahrscheinlich auch nicht aussuchen würden. Kinder haben mit der Trennung ihrer Eltern eine ganz eigenständige Aufgabe zu bewältigen. Die Mutter mag den Vater des Kindes für fehlerhaft und schlecht halten, als Partner war er das vielleicht auch. Doch niemand sieht hinter Beziehungen zwischen zwei anderen Menschen. Vielleicht ist die Vater-Kind-Bindung trotzdem stabil und vor allem wichtig für das Kind. Diese Bindung zu opfern für einen Mann, den das Kind nicht kennt, kann in den Augen des Kindes keine gute Idee sein. Ein solches Opfer ist auch gar nicht möglich, selbst wenn das Kind sich darum bemühen würde. Und den Kontakt zu verringern oder gar einzustellen hat wenig Sinn, denn eine Bindung lebt im Inneren weiter, sie ist nicht abhängig vom Kontakt zueinander.

Je häufiger ein Kind seinen leiblichen Elternteil sehen kann, umso besser kann es sich mit ihm auseinander setzen und sich später in der Phase der Pubertät auch lösen. Wer seine leiblichen Eltern nicht oder nur sehr selten sieht, steht in der Gefahr, ein Phantombild zu erschaffen, das mit der Realität wenig zu tun hat. Es ist wichtig, sich zu verdeutlichen, dass jeder Mensch, auch ein Kind, eigenständige Bindungen eingeht. Diese Bindungen bestehen meistens über die gerichtliche Scheidung hinaus und auch noch dann, wenn ein Elternteil sich schon längst wieder neu gebunden hat. Wieso sollte auch der Vater plötzlich nicht mehr in Ordnung sein, nur weil die Mutter sich neu verliebt hat.

Zwingen Sie Ihr Kind nicht, Ihren Partner zu mögen.

Ganz schlimm für das Kind ist die Situation, in die es gerät, wenn es spürt, dass der neue Partner auf jeden Fall angenommen und vor allem gemocht werden muss. Das Kind verletzt dann entweder den leiblichen Elternteil, bei dem es nicht lebt und fühlt sich als Verräter. Oder es missachtet die Wünsche des Elternteils, bei dem es lebt, und fühlt sich auch damit schlecht. Was das Kind auch unternimmt, es muss Fehler machen. Diese kindliche Tragödie ist nur dadurch zu vermeiden, dass die Erwachsenen die Bindungen des Kindes unangetastet lassen. Ein Kind kann seine Eltern lieben und eine starke Bindung zu beiden haben. Es kann parallel dazu den neuen Partner der Mutter bzw. die Ersatzmutter mögen. Schließlich ist ihm ja auch gestattet, Beziehungen zu anderen Erwachsenen zu unterhalten. Die Eltern bleiben Eltern, ein neuer Partner kann eine Elternschaft, die seit Jahren besteht, nicht ersetzen. Er kann eine Beziehung langsam aufbauen, aber nicht anstelle einer anderen Beziehung, sondern nur zusätzlich.

Es fällt den Eltern nicht immer leicht, sich aus den Beziehungen, die den Kindern wichtig sind, herauszuhalten. Aber es geht ja hier nicht um schlechten Umgang mit verwahrlosten Freunden, sondern um die Bindung eines Erwachsenen zu seinem eigenen Kind. Eine Mutter und ein Vater verantworten ihre Elternschaft grundsätzlich selbst, der andere Elternteil kann sich getrost zurücklehnen, es sei denn, es liegen wirkliche Verfehlungen gegen das Kindeswohl vor.

Die eigenen Probleme mit dem ehemaligen Partner sind kein Grund, sich zwischen das Kind und ihn zu stellen. Besprechen Sie mit dem neuen Partner diese Frage ausführlich. Beziehen Sie das Kind mit ein, wenn Sie sicher sind, dass das Kind nicht aus Rücksicht auf Sie die Unwahrheit sagen wird. Und weisen Sie eindringlich den neuen Partner darauf hin, dass Sie bereit sind, sich neu zu binden, aber die Zeit kann nicht zurückgedreht werden. Ihr neuer Partner ist nicht Elternteil für Ihre Kinder und er wird es nicht werden.

Diese Hinweise mögen Sie gemeinsam mit der oder dem Auserkorenen gelesen haben und wahrscheinlich ist Ihnen von der Ratio her auch alles vollkommen klar vor Augen. Was sagt jedoch Ihr Gefühl?

Können Sie Erziehungsverantwortung abgeben?

Wie weit sind Sie bereit, die Erziehungsverantwortung auch abzugeben, nachdem Sie vielleicht jahrelang den Spagat zwischen Beruf und Kindern immer wieder ganz allein bewältigen mussten? Und wie stark ist Ihr Bedürfnis, den Kindern des Partners möglichst nahe zu sein, damit auch klar ist, welche wichtige Bedeutung Sie in seinem Leben einnehmen. Und ist Nähe nicht am besten durch eine gemeinsame Elternschaft zu erreichen?

Bemühen Sie sich um Ehrlichkeit in dieser Frage. Lippenbekenntnisse nützen Ihnen herzlich wenig. Auf die praktische Umsetzung kommt es an.

Nehmen Sie Hilfe in Anspruch.

Wenn Sie sich unsicher sind, wie Sie mit diesen Fragen umgehen sollen, können Sie in den meisten Städten anonym und kostenfrei Hilfe vom Jugendamt oder einem der Wohlfahrtsverbände in Anspruch nehmen. Hier stehen Ihnen Fachkräfte zur Verfügung, die mit Ihnen gemeinsam einen Blick auf die neue Situation werfen. Diese Personengruppe ist meistens objektiver als der Freundeskreis. Wenn Sie keine fachliche Beratung in Anspruch nehmen wollen, investieren Sie trotzdem ein wenig Zeit und ein paar Überlegungen in dieses Thema.

Verdeutlichen Sie sich einen normalen Alltagsverlauf. Was ist Erziehung, was ist Betreuung? Die Wahl der Schule und des Arztes sind eindeutig elterliche Aufgaben, genauso sieht es mit den Fragen nach Ernährung, Taschengeld und Fernsehzeit aus. Hier werden die Entscheidungen grundsätzlich von den Eltern getroffen. Die Eltern geben im Rahmen der elterlichen Sorge Rahmenbedingungen vor. Der Ersatzelternteil wird diese Rahmenbedingungen akzeptieren müssen. Sie resultieren ja nicht selten aus Erfahrungen und eben aus der Biographie des Kindes. Anders sieht es aus, wenn es zum Beispiel um die Hilfe im Haushalt geht. Sofern ein Ersatzelternteil sich ebenfalls an diesen Aufgaben beteiligt, also ein positives Vorbild abgibt, ist es durchaus möglich, auf das Kind einzuwirken. Verstehen Sie sich als Mitglied einer Gruppe, nicht als Vorgesetzter. Und ein Gruppenmitglied darf und sollte die Forderung stellen, dass alle anderen soziales Verhalten zeigen. Nicht der Vater oder der Ersatzvater wünschen sich, dass reihum die Spülmaschine ausgeräumt wird. Vielmehr geht dieser Wunsch von einem gleichberechtigten Mitbewohner aus. Nicht der Vater entscheidet darüber, wie viel die verliebten Jugendlichen telefonieren, sondern der, der das Budget für den Posten Telefon zu verwalten hat.

Es ist sehr wichtig, dass Sie definieren, was einen Vater oder eine Mutter eigentlich ausmacht. Es ist nicht das Dasein als Chef oder Befehlshaber. Eltern haben in erster Linie die Aufgabe, ihre Kinder bedingungslos zu lieben und anzunehmen. Und genau diese Aufgabe kann ein Ersatzelternteil eben gerade am Anfang gar nicht erfüllen. Die Befehlsgewalt und das Management des Kinderlebens sind nicht unbedingt Bestandteil der Elternschaft. Und eine Familie kann schlecht harmonisch sein, wenn die meisten Entscheidungskompetenzen bei einer Person liegen.

Eltern sein hat nichts mit Befehlen zu tun.

Die Kinderbetreuung dagegen können sich die Erwachsenen gut teilen. Hin und wieder ein Kind zum Sport zu fahren, abends aufzupassen, wenn die Mutter ins Kino will, und vor allem Gefahren und Risiken von kleineren Kindern abzuwenden sind Aufgaben, die dem Ersatzelternteil gut zu Gesicht stehen.

Anders sieht es bei den eigenen Grenzen aus. Derjenige Partner, der sich mit einer Familie zusammenfindet, hat ein Recht darauf, respektiert zu werden und seine eigene Grenzen zu bestimmen. Die können eng oder weit gefasst sein, müssen aber authentisch bleiben. Seine Grenzen kann und soll jeder selbst verteidigen. Falsche Großzügigkeit ist hier genauso schädlich, wie aus Prinzip eine Grenze zu setzen. Behandeln Sie die Kinder in der Familie partnerschaftlich. Stellen Sie dar, was Ihnen gegen den Strich geht. Formulieren Sie dabei eine eindeutige Information. „Ich will nicht, dass du meine

Stereoanlage benutzt." Vermeiden Sie den pädagogischen Zeigefinger: „Hat dir denn noch niemand beigebracht, dass man nicht an fremde Sachen gehen darf?" Der zweite Satz ist überheblich formuliert und steht nicht im Bezug zum eigentlichen Problem. Es geht nicht um „man" und auch nicht um das Klären von Grundsatzfragen. Es geht um Sie und Ihre Grenzen. Sie möchten persönlich respektiert werden, mehr nicht.

Respektieren Sie Grenzen.

Umgekehrt gilt natürlich dasselbe. Auch Kinder und Jugendliche haben Grenzen. Respektieren Sie diese ohne Vorbehalte. Versuchen Sie nicht, die Grenzen der anderen zu erweitern. Es mag sein, dass in Ihrer letzten Beziehung die Regel galt, dass jeder jederzeit ins Badezimmer hereinplatzen konnte. Wenn die Kinder, die jetzt mit Ihnen zusammen leben, sich lieber einschließen, ist das auch in Ordnung. Jeder Mensch ist anders, jede Gruppe hat ihre eigenen Regeln. Sie können die neue Familie nicht an den Maßstäben der letzten messen. Und Sie sollten sich nicht messen lassen an den Vorgaben des leiblichen Elternteils der Kinder. Auch wenn es manchmal schmerzt, mindestens ein Erwachsener in der Patchwork-Familie wird sich nach dem Zusammenziehen in einer Gruppe wiederfinden, die ihre eigene Dynamik hat und die auch schon existierte, bevor er aufgetaucht ist.

Ein Letztes noch für die leiblichen Eltern der Kinder in der Patchwork-Familie. Mischen Sie sich so wenig wie möglich ein in die Beziehung zwischen Ersatzelternteil und Kind. Sie kommen sonst leicht in die Gefahr, Partei ergreifen zu müssen. Trauen Sie beiden zu, Ihre Angelegenheiten selbst miteinander zu klären. Sie könnten sonst derjenige sein, der als

Blitzableiter funktioniert und von den beiden Streithähnen gemeinsam unter Beschuss genommen wird. Ihr neuer Partner und Ihr Kind finden sicher gemeinsam einen Weg, das Leben in dieser Familie zu gestalten. Selbst wenn die Sympathie nicht besonders groß ist, zwei Menschen kommen normalerweise gut miteinander aus, wenn sie dazu gezwungen sind. Wenn aber immer ein Dritter als Schlichter und als Helfer zur Verfügung steht, können die beiden dem Kontakt entgehen und sich zurücklehnen. Die Verantwortung liegt dann ganz bei Ihnen und man wird Ihnen den Schwarzen Peter zuschieben, sobald es einen gibt.

Die Worte sollten Ihnen nicht fehlen.

Übung

Das Familienbild

Legen Sie ein Blatt Papier und bunte Stifte bereit. Lassen Sie das Kind die Personen seines näheren Umfelds malen. Das Kind selbst bekommt natürlich auch einen Platz. Gerade Grundschulkinder können in dieser Übung zeigen, welche Konstellationen sie sehen. Das Kind soll seine beiden Eltern, deren neue Partner (falls vorhanden), die (Halb-)Geschwister, sich selbst und bei nahem Kontakt auch die betreffenden Großeltern malen. Fragen Sie das Kind aber ganz gezielt, wer neben wem steht, wie groß der Abstand zwischen den einzelnen Personen ist usw. Das Ergebnis dieser Übung ist für die Erwachsenen bindend, es ist die Familie, so wie das Kind sie sieht. Sie können diese Übung nach etwa einem halben Jahr wiederholen, um zu sehen, ob sich etwas im Beziehungsgeflecht verändert hat. Sie können diese Übung natürlich auch nutzen, um nur die Patchwork-Familie darzustellen. So erkennen Sie vielleicht, dass die Kinder sich untereinander nicht verstehen, dass bereits eine enge oder eben auch keine Bindung zum neuen Partner entstanden ist.

Ältere Kinder werden ihre Mitarbeit meist verweigern. Geben Sie ihnen diese Übung an die Hand, damit sie selbst sich Klarheit verschaffen können, wenn sie unbeobachtet sind.

Übung

Für Eltern: Gefühle sortieren und annehmen

Als Eltern stehen und fühlen Sie sich stark in der Verantwortung für den Erfolg der neuen Familie. Sie wissen, dass die Kinder eine Leistung erbringen und wollen die Anforderungen der neuen Partnerschaft erfüllen. Und schließlich ist Ihnen persönlich wichtig, dass Sie mit Ihrem Vorhaben nicht scheitern. Machen Sie sich bewusst, welche Gefühle Sie mit dem Aufbau der neuen Familie verbinden. Ebenso versuchen Sie, sich Klarheit darüber zu verschaffen, welche Gefühle Sie hinsichtlich der vergangenen Beziehung haben. Wenn Ihnen das gelungen ist, notieren Sie Ihr Ergebnis und überdenken Ihr Verhalten Ihrem Kind gegenüber. Welche Erwartungen haben Sie? Ist Ihnen wichtig, dass Ihr Kind den neuen Partner so lieb hat wie seine leiblichen Eltern? Oder liegt das vielleicht daran, dass Sie das Familienglück davon abhängig machen? Ordnen Sie diese Gefühle und Erwartungen nach dem folgenden Beispiel:

Erwartung/Annahme: *Ich möchte, dass mein Kind meinen neuen Partner so lieb hat wie den eigenen Vater.*
Ursache: *Ich bin der Auffassung, dass das Glück meiner neuen Familie davon abhängig ist, wie sehr die Einzelnen sich lieben.*

Jetzt kommt der schwierige Teil. Erkennen Sie, wo Sie selbst eine Rolle in Ihren Gedanken spielen und wo es um Ihr Kind geht.

Ihre Rolle ist, Ihren Partner zu lieben. Sie lieben zudem Ihr Kind oder Ihre Kinder. Und dann gehört natürlich die Liebe sich selbst gegenüber zu Ihren Aufgaben. Je besser Sie Ihre Rolle ausfüllen, umso größer ist Ihre Chance, dass Sie Ihren Teil zum Gelingen des Familienlebens beitragen. Davon hängt Ihr gemeinsames Glück ab. Die Rolle des Kindes kann nur sein, sich seinen Platz in der neuen Gruppe selbstständig zu suchen und diesen dann auch zu behaupten.
Hier ein zweites Beispiel zur Verdeutlichung.

Erwartung/Annahme: *Ich hoffe, dass meine Tochter von ihrer Mutter zu mir und meiner neuen Frau ziehen wird.*
Ursache: *Ich war nie mit der Erziehung meiner ehemaligen Frau einverstanden.*

Sie spielen in dieser Konstellation den Part des Elternteils, der sich um sein Kind sorgt und gleichzeitig der neuen Partnerin Vertrauen entgegenbringen möchte, indem er ihr Kompetenzen für die Erziehung der Tochter einräumt. Das Kind allerdings lebt nur die natürlich gewachsene Mutter-Kind-Bindung aus und mehr ist auch gar nicht von einem Kind zu erwarten und gefordert.

Wenn Sie diese Trennungen rational erkennen, wird es Ihnen leichter fallen, Ihr Kind vor dem inneren Konflikt zu bewahren, es immer allen Erwachsenen gleichermaßen recht machen zu müssen. Damit Sie sich selbst motivieren, in dieser Hinsicht zugunsten Ihres Kindes zu agieren, halten Sie sich doch einmal vor Augen, wie schwerwiegend sich ein Loyalitätskonflikt auf die Entwicklung Ihres Kindes auswirken wird. Denn nicht die Trennung selbst hinterlässt die schwerwiegendsten Schäden für die spätere Beziehungsfähigkeit des Kindes, sondern der falsche Umgang mit der Situation. Ein Kind, das unter dem Zwang steht, es allen recht machen zu müssen, wird auch als Erwachsener Angst vor einer Bindung haben, weil es fürchtet, dass dabei ein Konflikt entstehen könnte. Es wird also Schwierigkeiten haben, sich auf einen anderen Menschen einzulassen und trotzdem seinen eigenen Standpunkt zu vertreten. Es wird Angst haben, dass es seinen Vater schon dadurch verletzt, dass es sich eine eigene Meinung über seinen Ersatzvater bildet. In seiner Vorstellung wird die Meinung des Kindes Auslöser für die Traurigkeit, Enttäuschung oder Wut eines anderen. Als Erwachsener wird ein so aufgewachsenes Kind Probleme damit haben, seine Meinung zu äußern, weil es ständig fürchtet, dass jemand verletzt werden könnte. So kann es geschehen, dass das erwachsene Scheidungskind sich entweder selbst aufreibt, um es anderen recht zu machen, oder lieber gleich allein bleibt, weil es sein Versagen in Beziehungen fürchtet. Auf diese Weise bleibt vielen Erwachsenen eine erfüllende Partnerschaft verwehrt, ohne dass ihnen der Grund dafür bewusst ist.

Checkliste:

1. Halten Sie von Ihrem Kind fern, was nur Sie selbst etwas angeht.
2. Begreifen Sie die Beziehung Ihres Kindes zum anderen Elternteil als eine eigenständige Bindung, die Sie nicht mit einbezieht.
3. Versuchen Sie nicht, dem Kind einen Ersatz für eine gewachsene Eltern-Kind-Beziehung aufzuzwingen.

Werden Sie nicht „blind vor Liebe“

Es ist gut und richtig, dass Sie um das Wohlergehen Ihres neuen Partners besorgt sind. Sie sollen sich darum bemühen, aufmerksam und vertrauensvoll zu sein. Nur wenn die beiden erwachsenen Partner gut miteinander umgehen, hat eine Patchwork-Familie eine Chance. Trotzdem ist der neue Partner kein Heiliger, der verehrt und hofiert werden soll. Beachten Sie, dass auch er Probleme und Konflikte in die Familie einbringt, die Ihnen und den Kindern zu schaffen machen können.

Ersatzväter können auf die Kinder eifersüchtig sein.

Wenn ein unbelastetes Paar das erste Kind bekommt, kann der Vater mit Eifersucht reagieren. Er fühlt sich unter Umständen zurückgesetzt und lässt seine Frustration unbewusst am Kind oder an der Partnerin aus. Auch ein neuer Partner für eine allein erziehende Mutter kann so reagieren. In den ersten Wochen der jungen Beziehung stand er sicherlich im gedanklichen Mittelpunkt der Frau. Nach dem ersten Verliebtsein finden dann aber beide zurück in den Alltag. Und dann werden die Kinder sich wieder zunehmend zu Wort melden. Ist dann der neue Mann mit der Frau zusammengezogen, wird er vielleicht von Dingen überrascht, die er vorher nicht absehen konnte. Früher hatte sie an den gemeinsamen Abenden immer nur Augen für ihn. Plötzlich muss er lernen, dass er erst nach der Gute-Nacht-Geschichte für die Kleinen an der Reihe ist. Wenn er sie besuchte, hat Sie ihm immer etwas Besonderes gekocht. Jetzt erlebt er, dass es Nudeln mit Tomatensauce gibt, wenn die Sprösslinge das wünschen. Es ist durchaus möglich, dass der Partner mit Eifersucht reagiert wie nach der Geburt eines Kindes. Das kann negative Auswirkungen auf sein Verhältnis zum Kind oder auch zur Partnerin haben. Achten Sie sorgfältig auf alle Anzeichen, die darauf hindeuten. Ganz gleich ob Mann oder Frau, es ist immer schwer, aus dem Mittelpunkt der Aufmerksamkeit wieder zurück auf eine normale Position gestellt zu werden. Beide Partner sollten sich bemühen, die Alltagsbewältigung ernst zu nehmen und darauf zu achten, dass ein sanfter Übergang von der Phase des himmelhoch Verliebtseins auf die Ebene der Realität ermöglicht wird.

Führen Sie feste Zeiten ein.

Schieben Sie von Anfang an einen Riegel vor, wenn es darum geht, das Verhältnis zwischen dem Elternteil und einem oder mehreren Kindern zu stören. Am besten können Sie dieses Problem in den Griff bekommen, indem Sie feste Zeiten einplanen, in denen Sie nur für die Kinder da sind, und diese dem Partner mitteilen. Das kann ein Nachmittag pro Woche sein oder jeden Abend eine Viertelstunde. Machen Sie dem Kind und dem Partner gegenüber klar, dass Sie diese Zeiten für wichtig halten und einhalten. Ebenso vereinbaren Sie mit dem Partner eine feste Zeit, an die das Kind sich halten muss. Erklären Sie beiden, dass Sie sich nicht zerteilen werden. Und machen Sie deutlich, dass Sie beide lieben, sich aber nicht in eine Eifersüchtelei hineinziehen lassen werden. Achten Sie drittens auf mindestens drei Stunden pro Woche, in denen Sie weder für den einen noch den anderen zur Verfügung stehen. Im Notfall muss dann eine Kinderbetreuung organisiert werden, wenn der Partner das Kind in dieser Zeit nicht betreuen will oder kann. Bleiben Sie absolut eisern in der Einhaltung dieser Zeiten und beginnen Sie damit am besten sofort. Es hat keinen Sinn, dieses Vorhaben auf die lange Bank zu schieben. Ihre Familie muss lernen, dass Sie Ihren

Teil beitragen wollen und werden. Sie sind aber nicht Dreh- und Angelpunkt für die anderen. Und am wenigsten tragen Sie allein die Verantwortung für die Familie.

Es darf nicht der Eindruck entstehen, einer von Ihnen würde den anderen eine Familie herrichten. Jeder kann und muss ganz klar darüber informiert sein, dass Familie ohne sein Zutun nicht funktioniert. Dulden Sie keine Ignoranz dieser Tatsache, weder vom Partner noch von einem der Kinder. Und gewähren Sie sich hier auch keine Aufwärmphase. Der Einsatz für eine Gruppe beginnt in dem Moment, in dem die Gruppe zusammentritt.

Bleiben Sie bei Konflikten objektiv.

Bei Konflikten zwischen Ihrem Partner und den Kindern wird Ihre Objektivität mitunter auf eine schwere Probe gestellt. Nicht selten wünscht sich die Mutter oder der Vater, der bisher die gesamte Erziehungsarbeit allein bewältigen musste, Hilfe. Besonders wenn Probleme auftreten, ist die Unterstützung des neuen Partners willkommen. Über Schulschwierigkeiten oder einen falschen Umgang des Teenagers werden Sie mit Ihrem Partner sprechen. Und vielleicht hat er ein Konzept, das Ihnen gut und schlüssig erscheint. Auch hier wirkt die Brille der Verklärung allzu leicht als Weichzeichner. Er kann so vieles so gut und theoretisch stellt er sein Wissen auch ständig unter Beweis. Doch in der Realität sieht das anders aus. Meistens wird „der Neue“ dann von Kindern als Eindringling oder Meckerer gesehen, der seine Kompetenzen überschreitet.

Überlassen Sie also die Erziehung nicht einem Menschen, zu dem das Kind noch keine Bindung hat. Sie verhindern damit,

Warten Sie, bis Ihr Kind Ihren Partner akzeptiert.

dass auf Dauer gesehen ein gutes Verhältnis entstehen kann. Nutzen Sie, auch wenn Sie wieder in einer festen Beziehung leben, die Angebote für allein Erziehende. Es ist vielleicht kein gutes Gefühl für Sie selbst, aber Sie bleiben allein erziehend, bis das Verhältnis zwischen dem Ersatzelternteil und den Kindern sich so weit stabilisiert hat, dass die Kinder ihn als Vorbild annehmen können.

Es kommt nicht auf das pädagogische Wissen des Erwachsenen an, sondern darauf, ob das Kind überhaupt Erziehung von einem fremden Menschen akzeptiert. Da Erziehung nur auf der Vertrauensebene funktionieren kann, wird ein Elternersatz, der noch kein festes Vertrauen zum Kind aufbauen konnte, auch keine Erziehungsfunktion übernehmen können.

Checkliste:

1. Nehmen Sie wahr, dass der Ersatzelternteil unter einer hohen Anforderung steht. Nehmen Sie gleichermaßen Ihre eigenen Anforderungen und die der Kinder wahr.
2. Klären Sie von Anfang an, dass der Ersatzvater oder die Ersatzmutter nicht aus dem Stegreif integriert sein kann.
3. Legen Sie offen, welche festen Zeiten Sie für sich und die anderen reservieren wollen. Diskutieren Sie nicht über diese Entscheidung.
4. Versuchen Sie nicht, allein die Verantwortung für die Familie zu übernehmen.

Erlauben Sie dem Kind eigene Gefühle

Keine Beziehung ist immer gleich. Es wird stets emotionale Schwankungen geben, die manchmal sogar von der Tageszeit abhängen. Und die Kinder in einer Familie, ganz gleich ob Kernfamilie oder Patchwork-Modell, haben viele andere Sachen im Kopf als nur die Familie, in der sie leben. Da gibt es den Kindergarten, die Schule, die Freunde, die Hobbys. Die Gedanken eines Kindes drehen sich selten um die Eltern oder die Familie; es führt ein eigenes Leben, selbst wenn es erst den Kindergarten besucht.

Natürlich wünschen sich jede Mutter und jeder Vater, dass mit dem Partner, den sie sich gewählt haben, auch die Kinder einverstanden sind. Aber es gibt einen Unterschied zwischen einverstanden sein und ins Herz schließen. Sie sollten nichts forcieren, damit sich zwischen Ihren Kindern und Ihrem neuen Partner eine Bindung einstellt. Die beiden schaffen das ganz allein. Und je nach den Persönlichkeitsmerkmalen, die jeder von beiden mitbringt, wird diese Bindung mehr oder weniger intensiv sein. In jedem Fall aber ist ein fairer Umgang miteinander möglich und der darf auch von allen erwartet werden.

Das Kind und der neue Partner müssen selbst zueinander finden.

Gefühle dagegen sind davon abhängig, wie gut man sich gegenseitig kennt und einschätzen kann. Zu einem guten Verhältnis gehören Vertrauen und Sicherheit und die stellen sich naturgemäß erst nach Ablauf einer gewissen Zeit ein. Mit der folgenden Übung können Sie ein wenig dafür sorgen, dass sich alle Familienmitglieder besser kennen und verstehen lernen.

Übung

Fragerunde

Sie brauchen für dieses Spiel nichts als ein bisschen Zeit und Ruhe. Nehmen Sie das Buch dazu und lassen Sie das jüngste Familienmitglied die erste Frage stellen. Es sucht sich jemanden aus, der sie beantworten muss. Nach der Antwort wandert das Buch im Uhrzeigersinn von Teilnehmer zu Teilnehmer. Wer an der Reihe ist, stellt eine Frage und bestimmt, wer antworten soll.

1. *Wenn du ein Tier wärst, welches Tier wärst du dann?*
2. *Was war dein schönster Urlaub?*
3. *Welches Lieblingsfach hast/hattest du in der Schule?*
4. *Wenn du eine Blume wärst, welche wärst du dann?*
5. *Stell dir vor, deine Familie wäre ein Musikstück. Wie würde es klingen?*
6. *Welches ist dein Lieblingswort, wenn du sauer bist?*
7. *Wie wirst du am liebsten genannt?*
8. *Wenn du einen Wunsch frei hättest, was würdest du dir wünschen?*
9. *Welcher Wunsch aus deiner Kindheit hat sich bisher nicht erfüllt?*
10. *Wenn du in früheren Zeiten gelebt hättest, wer wärst du dann gewesen?*
11. *Wenn du heute berühmt sein könntest, mit welcher Tätigkeit wäre das?*
12. *Welches Essen kannst du nicht ausstehen?*
13. *Welche Farbe magst du nicht?*
14. *Was ist deine Lieblingsfarbe?*
15. *Wofür würdest du einen großen Lottogewinn ausgeben?*
16. *Stell dir vor, du könntest leben, wo du willst. Wo wäre das?*

17. *Wenn du dir jeden beliebigen Beruf aussuchen kannst, welchen würdest du wählen?*
18. *Was hältst du für die wichtigste Erfindung, die je ein Mensch gemacht hat?*
19. *Welche Krankheit fürchtest du am meisten?*
20. *Wolltest du schon einmal einfach weglaufen? Wann war das?*
21. *Welches ist dein größter Wunsch für unsere Familie?*
22. *Was ist deine größte Angst?*
23. *Welche drei guten Eigenschaften hast du?*
24. *Was ist dein größter Fehler?*
25. *Wie findest du am besten zur Ruhe?*

Diese Übung kann dazu dienen, dass alle sich näher kommen, weil sie am Ende mehr voneinander wissen. Sie kann aber auch dazu führen, dass vorhandene Antipathien noch deutlicher als bisher hervortreten. Wie wollen Sie in einem solchen Fall reagieren?

In keiner Familie sind sich alle sympathisch.

Auch in einer Kernfamilie können Sie nicht davon ausgehen, dass immer alle Familienmitglieder die gleiche Sympathie füreinander empfinden. Selbst in diesem klassischen Familienmodell gibt es immer wieder Personen, die miteinander auf dem Kriegspfad sind. Selbst von Mord und Totschlag ist hin und wieder in den Zeitungen zu lesen. Der Anspruch, in einer Patchwork-Familie müsse jeder jeden mögen und alle müssten gute Freunde oder noch mehr füreinander sein, ist vollkommen überzogen.

Bleiben Sie gelassen, wenn sich kleine Feindseligkeiten oder Missstimmungen zeigen. Wo Menschen sich begegnen, gibt es immer die Chance auf ein harmonisches Miteinander und immer auch das Risiko einer Auseinandersetzung. Wichtig ist nur, dass die Kontrahenten lernen, dass die Gruppe nicht unter ihren Differenzen leiden will und dass es niemanden gibt, der ihre Konflikte mit einem Patentrezept löst.

Der Alltag lässt sich nicht vermeiden

In einer Patchwork-Familie kommen Menschen mit ganz verschiedenen Biografien zusammen, da kommt es darauf an, Demokratie zu leben und mit Konflikten richtig umzugehen – eine Aufgabe für alle Beteiligten.

Eine Patchwork-Familie ist durch einen Umstand immer stärker belastet als die Familie, die von zwei Ledigen ohne Kinder gegründet wird. Jedes Mitglied der Patchwork-Familie hat seine eigene Geschichte, hat bereits Enttäuschungen hinter sich und bringt Gewohnheiten aus der Vorbeziehung mit.

Die Vergangenheit überwinden

Häufig gibt es für die Erwachsenen nichts Schlimmeres, als ihre alten Fehler zu wiederholen, und sie versuchen, dies zu vermeiden, damit auch die alten Verletzungen nicht wieder vorkommen. Das ist ein hoher Anspruch, der kaum bedingungslos zu erfüllen ist. Je mehr Wert Sie darauf legen, dass alles anders werden muss als bisher, umso größer wird der Druck für alle Beteiligten. Schließlich kann dieser Druck dazu führen, dass die angespannte Stimmung Bindungen zwischen den Familienmitgliedern erschwert und die Familie eher auseinander treibt, als dass sie zusammenwächst.

Halten Sie sich nicht an negativen Erinnerungen fest.

Dazu ein Hinweis aus der praktischen Psychologie. Wenn Sie eine Strategie zur Vermeidung alter negativer Eindrücke aufstellen und vehement verfolgen, haben Sie dabei das Bild Ihrer negativen Vergangenheit im Kopf. Dieses Bild wirkt in Ihnen, löst Ängste und Missbehagen aus. Allein das ist schon ein Risiko für die Harmonie in Ihrer neuen Familie. Machen Sie doch einmal die Probe, indem Sie sich zuerst einen Strauß bunter Blumen vorstellen, den Sie sich in den nächsten Tagen kaufen wollen. Nehmen Sie die Stimmung wahr, die in Ihnen entsteht. Und dann stellen Sie sich eine vertrocknete Pflanze vor, die Sie morgen in den Biomüll werfen müssen. Wie ist

Ihre Stimmung jetzt? Wenden Sie für Ihr inneres Gleichgewicht die Regeln des positiven Denkens an, statt eine Vermeidungstaktik zu benutzen. Dann geht es Ihnen und Ihrer Familie besser.

Nutzen Sie das positive Denken.

Betrachten Sie Ihre Familie als eine demokratische Einheit aus Individuen. Dazu gehören zahlreiche Aspekte. Achten Sie an erster Stelle auf die Gleichwertigkeit aller Mitglieder. Es mag Altersunterschiede zwischen Eltern und Kindern geben, aber keine Wertunterschiede. Das Kind, das konstant bei seiner Mutter lebt, ist nicht besser als das Kind, das nur am Wochenende zu Besuch kommt. Umgekehrt gilt das natürlich genauso. Beachten sie die Gleichheit auch im Umgang mit den ehemaligen Partnern. Wie viel Zeit ein Elternteil mit seinem Kind verbringt, darf kein Maß dafür sein, wie wertvoll er ist. Wenn es Ihnen gelingt, die Gleichwertigkeit aller zu garantieren, werden Konkurrenzkämpfe sinnlos und Sie haben einen großen Schritt in Richtung auf ein erfolgreiches Zusammenleben getan.

Patchwork wörtlich genommen

Stellen Sie sich Ihre Familie wie eine Flickendecke vor. Vieles ist vorgegeben, Sie beginnen nicht mit weißen Stoffen, deren Farben und Muster Sie bestimmen. Die einzelnen Flicken können Sie nicht verändern. Aber Sie wählen die Anordnung und gestalten das Muster. Dabei werden Sie so manche Überraschung erleben. Wenn Sie sich ganz und gar nicht vorstellen können, einen grünen Flicken neben den blauen mit den Streublümchen zu setzen, probieren Sie es aus. Es sieht vielleicht viel besser aus, als Sie dachten, und für den Gesamteindruck kann eine ungewöhnliche Kombination das Tüpfelchen auf dem i sein.

In der Praxis heißt das, dass alle theoretischen Überlegungen, die Sie anstellen, falsch sein können. Es kommt immer auf den praktischen Versuch an. Wer hätte gedacht, dass der fast volljährige Sohn ganz vernarrt in das Kleinkind Ihres Partners ist? Wer kommt schon auf die Idee, dass die Exfrau des Mannes gern alle Kinder gemeinsam zum Picknick am Sonntag einladen möchte. Je mehr Sie die Dynamik zulassen, die jeder einzelne einbringt, umso überraschender und positiver werden die Entwicklungen in der Gruppe sein.

Übung

Familiencollage

Ein verregneter Nachmittag eignet sich gut für die folgende Übung. Sie brauchen Papier und farbige Stifte. Jeder bemalt ein Stück Papier mit einem Muster, dass er sich selbst ausgedacht hat. Dann werden alle Muster auf einen Tapetenrest geklebt, und zwar so, dass das ganze Bild oder Plakat am Ende alle zufrieden stellt. Sie können auch in die Mitte der einzelnen Muster Fotos der Familienmitglieder kleben. So entsteht eine Art Familiencollage. Ich habe schon viele solcher Collagen gesehen und die unterschiedlichsten Techniken bestaunen können. Da gab es die Stoffcollage, das Mobile, an dem für jedes Familienmitglied eine Figur hing, oder das abstrakte Bild, bei dem jeder sich als Tonscherbe darstellte, in die er Strukturen geritzt hatte. Lassen Sie sich etwas einfallen. Eine solche Collage an der Wand Ihrer gemeinsamen Wohnung trägt dazu bei, das Gemeinschaftsgefühl zu stärken, und verdeutlicht andererseits die Einzigartigkeit der einzelnen Beteiligten.

Ich stelle Ihnen noch eine weitere Übung vor, die Sie speziell mit Kindern im Kindergartenalter spielerisch durchführen können. Machen Sie ein Ritual daraus, indem Sie beispielsweise jeden Abend vor dem Schlafengehen ein bisschen an dieser Übung arbeiten.

Übung

Tiergeschichten

Es ist eine alte Methode, Menschen darzustellen, indem man sie als Tiere charakterisiert. In Fabeln wird dieses Stilmittel seit der Antike benutzt. Um die Übung besser zu verstehen, können Sie vielleicht die Fabeln des Äsop zur Hand nehmen. Sie sind unterhaltsam und für Kinder echte Lehrtexte, die mit Vergnügen gehört und meistens auch gut verstanden werden.

Ordnen Sie jedem Familienmitglied ein Tier zu. Jedes Tier sollte dabei eine wichtige Bedeutung haben. Anhaltspunkt dafür, welches Tier dem Einzelnen zugeordnet wird, sind dabei die Eigenschaften der Person. Der starke Junge im Kindergartenalter ist dann vielleicht ein Löwe, die große Schwester ein mächtiger Tiger. Die beiden leben nicht in der gleichen Region, könnten Sie jetzt einwerfen. Für unsere Übung ist das nicht wichtig. Aber beide sind stark und werden sich gegenseitig nicht vernichten. Stellen Sie Ihre Familie gemeinsam mit dem Kind zusammen. Sie dürfen helfen, wenn es darum geht, die richtige Tierart auszuwählen. Die Eigenschaften, die das Kind in den einzelnen Familienmitgliedern sieht, sollten Sie aber nicht in Frage stellen. Vielleicht ist der Löwe ja auch ein verwunschener kuscheliger Hund. Das wird sich später herausstellen. Wenn Ihre Tierfamilie fertig ist, kann sie gemalt werden. Und dann beginnen die Abenteuer. Was erlebt diese bunte Versammlung? Unternimmt sie Reisen oder kämpft sie gemeinsam gegen gefährliche Ungeheuer? Fordern Sie Ihr Kind auf, die Geschichte immer weiter auszubauen. Das Kind hat dadurch ein Ventil, das ihm hilft, Gefühle zu äußern. Halten Sie sich zurück, die Geschichte selbst weiterzuspinnen, geben Sie allenfalls Anstöße. Das Kind soll möglichst alles, was mit den Tieren geschieht, selbst erzählen. Lassen Sie auch traurige und gefährliche oder anderweitig unschöne Kapitel zu. Dem Kind dient diese Übung als Gelegenheit, seine Ängste und Trauer zu bearbeiten. Im Verlauf des Erzählens übernehmen die Tiere nämlich die Aufgabe, die Patchwork-Familie aus der Sicht des Kindes darzustellen.

Leben Sie Demokratie in der neuen Familie

Ein wichtiger Grundsatz in der demokratischen Familie ist die Redefreiheit. Tabuisieren Sie Ihre Vergangenheit nicht! Lassen Sie vor allem Ihre Kinder erzählen, was sie mitteilen möchten. Vielleicht ist es nicht angenehm, wenn der neue Partner vom Traumurlaub mit dem Ex erfährt, der gar nicht so lange vor der Scheidung noch stattgefunden hat. Sicher schmerzt es auch, wenn wieder und wieder aufgewärmt wird, dass das alte Haus der Ursprungsfamilie so viel schöner war als das, in dem die Patchwork-Familie jetzt lebt. Aus Rücksichtnahme auf die neuen Beziehungen neigen Erwachsene oft dazu, die schönen Seiten der Vorbeziehung zu verschweigen. Nicht selten versuchen Eltern auch, Ihre Kinder zum Schweigen zu bringen, wenn sie davon erzählen. Durch diese Art von Zensur entsteht ein Klima des Misstrauens.

Lassen Sie gute Erinnerungen der Kinder zu.

Die Kinder fragen sich, warum denn über schöne Erinnerungen nicht gesprochen werden darf, und wissen nicht mehr, was sie erzählen dürfen und was nicht, und die Erwachsenen sitzen ständig auf einem Pulverfass. Machen Sie sich lieber von Anfang an mit der Tatsache vertraut, dass gegenseitiges Vertrauen auch damit zusammenhängt, dass offene Fragen nicht im Raum stehen bleiben. Wenn Sie die Vergangenheit verbieten, verbieten Sie den größten Teil des Lebens. Ein Kennenlernen wird verhindert, so dass Blockaden und Unsicherheiten entstehen. Kinder fühlen sich verraten, wenn sie um ihre Geschichte gebracht werden, und im schlimmsten Fall entwickeln sie Schuldgefühle, weil sie diese positiven Erinnerungen überhaupt haben. Sie werden in der Patchwork-Familie nicht heimisch, weil sie dort belastende Gefühle erfahren. Zensur ist nie ein Gewinn, sondern sorgt stets dafür, dass sich Emotionen aufstauen, die sich unter Umständen als Aggressionen entladen. Am Ende kann ein Klima des Misstrauens entstehen, das sich nur schwer wieder ausgleichen lässt. Was für die Erinnerungen gilt, gilt genauso für die Hoffnungen und Wünsche, die jedes einzelne Familienmitglied hat. Die Träume und Pläne von Kindern sind vielleicht manchmal zu optimistisch und unter Umständen auch zu fordernd, doch sollten sie zumindest ausgesprochen werden dürfen. Unterdrückte Bedürfnisse werden leicht zu Frustrationen, wenn sie zurückgehalten werden müssen.

Drei Regeln für das Kritisieren.

Wenn Sie Kritik üben, sollte diese positiv, aber ehrlich und in aller Ruhe geäußert werden. Versuchen Sie nie, jemanden zu kritisieren, wenn Sie stehen und der Betreffende sitzt. Kritisieren Sie nach Möglichkeit nicht spontan und achten Sie darauf, dass keine Zeugen dabei anwesend sind. Mit diesen drei Regeln können Sie schon eine Menge Konflikte vermeiden, die durch Verletzung und Demütigung hervorgerufen werden.

Um in der Familie eine demokratische Struktur zu erreichen, ist es von großer Bedeutung, dass jedes Individuum sich entfalten kann. Das bedeutet nicht, dass jeder frei nach Lust und Laune seine Bedürfnisse auf Kosten der anderen befriedigen kann. Die Gleichheit der Entfaltungsmöglichkeiten ist ein hoher Anspruch. Da kollidieren schon mal die Vorlieben des einen mit denen eines anderen. Dann gilt, dass niemand dazu gezwungen werden sollte, seine Ansprüche hinter die der anderen zu stellen.

Stellen Sie eigene Bedürfnisse nicht zurück.

Die Situation ist nicht selten, dass die Eltern vorerst eigene Bedürfnisse zurückstellen, damit die Kinder zufrieden sind. Die frisch Verliebten sind glücklich darüber, dass Sie zusammen sein können; da fällt es nicht schwer, sich von der einen oder anderen lieb gewordenen Gewohnheit erst einmal zu trennen. Die Erwachsenen disziplinieren sich selbst, um die Harmonie nicht gleich am Anfang zu gefährden. Das kann gefährlich sein und es ist zudem ungeschickt. Wenn Sie von Anfang an demokratisches Verhalten fordern und auch selbst praktizieren, wird es in Ihrer neuen Familie zur Selbstverständlichkeit. Legen Sie die Karten offen auf den Tisch. Was soll an Entfaltungsmöglichkeiten für jeden von Ihnen möglich bleiben? Worauf können und wollen Sie nicht verzichten? Wenn alle Klarheit haben, hilft nur wieder das Planen, und zwar so, dass alle zu gleichen Teilen berücksichtigt werden. Wenn Sie diesen Schritt auf später verschieben, werden Sie Unverständnis ernten. Warum will er plötzlich etwas tun, was er uns bisher nicht einmal angedeutet hat? Warum meldet sie plötzlich ein Bedürfnis an, das wir noch gar nicht kennen? In solchen Situationen kann es zu Vorwürfen und Ablehnung kommen. Vermeiden Sie es also, die Dinge erst einmal einfach laufen zu lassen. Dieses Versäumnis lässt sich später kaum noch gut machen. Am Anfang sind alle noch neugierig aufeinander. Wenn Sie gleich zu Beginn ehrlich und vor allem offen sind, kann nichts passieren. Rücken Sie aber erst nach und nach mit der Wahrheit heraus, könnte Ihnen das später als Unehrlichkeit ausgelegt werden.

Das Benennen der eigenen Bedürfnisse bedeutet ja noch lange nicht, dass alles erfüllt werden kann. Aber Sie können Kompromisse bewusst eingehen und die Familie darf auch merken, dass Sie auf etwas verzichten, was Ihnen viel bedeutet. Das motiviert die anderen, ebenso zu handeln.

Geben Sie Ihrer Familie eine Verfassung

Übung

Spielen Sie in Ihrer Familie doch einmal Politik. Überlegen Sie zusammen, welche Grundsätze für das Funktionieren einer Gesellschaft unverzichtbar sind und wandeln Sie diese so ab, dass sie auf Ihre Familie angewendet werden können. Machen Sie aus dieser Übung ein Spiel, das nebenbei ein brauchbares Ergebnis für die Zukunft liefert. Nehmen Sie sich Zeit und besprechen Sie, wie Ihre „Verfassung" aussehen soll. Mit älteren Kindern können diese Gespräche auch über mehrere Tage verteilt geführt werden, sie haben Einblick in das Geschehen durch den Politik- und Geschichtsunterricht in der Schule. Bestimmen Sie die Regeln in positiver Sprache. Formulieren Sie nicht „Keiner darf", sondern „Jeder soll, jeder wird". Richten Sie ruhig auch eine Instanz ein, die Regelverstöße bestraft. Priorität muss dabei die Wiedergutmachung haben. Wenn Sie abstrakte Strafen einführen möchten, zum Beispiel für verspätetes Erscheinen zum Essen, suchen Sie etwas aus, was der Allgemeinheit zu Gute kommt. Bei älteren Kindern kann das eine kleine Geldstrafe sein, die zum Beispiel in einem Topf für einen gemeinsamen Restaurantbesuch gesammelt wird. Bei Kleineren ist es sinnvoll, ihnen überschaubare Aufgaben zu übertragen, die dann ein Gewinn für alle sind. Strafen sollten allerdings grundsätzlich nicht der Schwerpunkt Ihrer Familienverfassung sein. Vielmehr geht es um positive Motivation. Wenn Ihre Verfassung inhaltlich fertig ist, wird sie besonders schön gestaltet und an einem Platz aufbewahrt, an dem jeder sie erreichen kann. Von größter Bedeutung ist, dass es keine Ausnahmen gibt, auch nicht für die Erwachsenen. Gehen Sie mit dem guten Beispiel voran, das in der Demokratie notwendig ist. Und lassen Sie Ihre Verfassung unangetastet. Ich stelle Ihnen im Folgenden einige Anregungen für eine Familienverfassung zusammen.

Wie soll eine Familienverfassung aussehen?

Mögliche Inhalte können sein:

• Nutzung des Badezimmers • Aufgaben im Haushalt • Schlafenszeiten • Essenszeiten • Regeln zum Telefongebrauch • Umgangsformen bei Tisch • Umgangsformen hinsichtlich der Privatsphären • Umgang mit Konflikten • Umgang mit dem Familieneinkommen • Gestaltung des Wochenendes • Verantwortung für Haustiere etc.

Die einzelnen Sätze können wie folgt formuliert sein:

§ 1 In unserer Familie hat jeder Mensch den gleichen Wert. Das gilt für alle, die hier wohnen, und für alle, mit denen wir Kontakt haben.

§ 2 Alle dürfen sagen, was sie denken. Bevor jemand auf Gedanken eines anderen antwortet, versucht er, dreimal tief

Luft zu holen, um sicher zu sein, dass er auch alles verstanden hat.

§ 3 *Wenn sich ein Familienmitglied über ein anderes ärgert, soll es erst eine Nacht über den Ärger schiafen, bevor es die anderen einweiht. Jeder Streit ist in Ordnung, aber er wird so klein und kurz wie möglich gehalten.*

§ 4 *Das Familiengeld verwalten die Erwachsenen. Tobias bekommt 15 Euro Taschengeld und Suse bekommt 20 Euro. Das Taschengeld darf nicht gekürzt oder zur Strafe gestrichen werden. Suse und Tobias machen mit ihrem Taschengeld das, was sie wollen.*

Zeigen Sie übrigens Ihre Verfassung auch Ihren anderen leiblichen Kindern, die nur zu Besuch kommen. Auch für sie gilt dieses Regelwerk, wenn sie bei Ihnen zu Gast sind.

Checkliste:

1. Bemühen Sie sich um ein gleichwertiges Miteinander. Beachten Sie, dass Persönlichkeitsunterschiede keinen Einfluss auf die Bedeutung eines Familienmitglieds haben sollen.
2. Wahren Sie für alle gleichermaßen die Freiheit, sich persönlich zu entfalten und weiterzuentwickeln.
3. Legen Sie sich als Erwachsene nicht zu Beginn ein zu starres Korsett an, das Sie später als Einengung empfinden werden.
4. Wahren Sie die Redefreiheit im Bezug auf die Vergangenheit, die Zukunft und vor allem in Fragen der individuellen Emotionalität.

„Du hast mir nichts zu sagen" – Souveräner Umgang mit Konflikten

Ein weiterer demokratischer Aspekt ist die Art der Kommunikation, die Sie in Ihrer Familie pflegen. Im Konfliktfall wird der Kommunikationsaspekt meist als wichtig erkannt, in harmonischen Situationen ist seine Bedeutung weniger stark im Bewusstsein. Das ist wie mit einer gesunden Lebensweise. Manchmal erinnern wir uns erst an ihre Notwendigkeit, wenn wir die eine oder andere Erkrankung spüren.

Gute Kommunikation braucht keine Hierarchie.

Achten Sie bei der Kommunikation darauf, dass es keine Hierarchie innerhalb einer Familie geben sollte. Mütter ergreifen gern Partei für die jüngeren Kinder, weibliche Teenager schlagen sich vielleicht gern auf die Seite der Mutter und so weiter. Eine Grundregel in jeder Familie lautet: Jeder regelt so weit wie möglich seine Angelegenheiten selbst. Die Meinung und die Wünsche jedes Familienmitgliedes sollen innerhalb der Familie gehört und gleichberechtigt respektiert werden.

Trotzdem gibt es immer wieder Momente und Situationen, in denen Sie als erwachsener Mensch die Verantwortung übernehmen müssen. Als Elternteil ist es Ihre Aufgabe, Konflikte mit Ihrem Kind zu bewältigen. Kinder müssen meist erst noch lernen, wie ein Streit und ein Missverständnis zwischen zwei Menschen angemessen gelöst werden. Auch Ersatzväter oder Ersatzmütter sind in solchen Situationen ein Vorbild für das Kind, an dem es lernen und wachsen kann. Die meisten Probleme betreffen den leiblichen Elternteil genauso wie den neuen Partner. Kinder sind nun mal nicht immer davon begeistert, bestimmten Verpflichtungen, Alltagsanforderungen und Notwendigkeiten nachzukommen. Sie wehren sich und versuchen oft mit allen Tricks, sich zu drücken. Das ist nichts Neues und jeder, der Kinder kennt, weiß dass solche Situationen Kraft, Energie und Zeit kosten. Behalten Sie trotzdem den Überblick und versuchen Sie, die Aussagen des Kindes richtig zu verstehen.

Als neuer erwachsener Partner im Leben eines Kindes werden Sie vielleicht vor der Situation stehen, dass das Kind Ihnen sagt: „Du hast mir gar nichts zu sagen!" Im ersten Moment reagieren Sie vielleicht verletzt und gekränkt, vielleicht möchten Sie jetzt erst recht mit Ihrem Anliegen zum Ziel gelangen und das Ganze endet in einem aussichtslosen Machtkampf. Es ist wichtig darüber nachzudenken, was das Kind eigentlich mit seiner Ablehnung ausdrückt.

Überlegen Sie, was die Reaktionen der Kinder bedeuten.

Je jünger ein Kind ist, desto mehr reagiert es noch „aus dem Bauch heraus". Ein Kleinkind würde wahrscheinlich den Blickkontakt vermeiden, sich nicht berühren lassen wollen oder sich verstecken. Dadurch ist für den Erwachsenen offensichtlich, dass er erst langsam das Vertrauen des Kindes gewinnen muss, bevor er von ihm respektiert wird. Auch älteren Kindern gelingt es selten, ihre Gefühle und Gedanken in die richtigen Worte zu fassen, und es kann zu der oben genannten Aussage kommen. Ältere Kinder blicken schon auf eine viel bewusstere und längere Beziehung zu beiden Elternteilen zurück. Aber auch sie können nicht sagen: „Weißt du, ich habe einen Konflikt. Ich mag dich, aber meinen Papa habe ich auch lieb. Ich habe Angst, ich könnte meinen Papa verraten oder vergessen, wenn ich nett zu dir bin. Deswegen verhalte ich mich dir gegenüber so ablehnend." Oft ist genau dieser Aspekt die einzige Ursache für die Zurückweisung des neuen Partners.

Wenn die Kinder aufgehetzt werden.

In einigen Fällen kommt es durchaus vor, dass der leibliche Elternteil das Kind gegen den neuen Partner aufhetzt, aber auch wenn das der Fall ist, muss innerhalb der neuen Familie der Umgang zwischen Erwachsenen und Kindern der gleiche sein. Das Problem der negativen Beeinflussung durch den getrennt lebenden Elternteil muss in erster Linie zwischen den Erwachsenen geklärt werden. Je weniger ein Kind verstehen kann, warum die Eltern nicht mehr zusammen sind, desto mehr wird es sich danach sehnen, dass alles wieder so wird wie früher, als sie noch zusammen waren. Die leiblichen Eltern sind im Leben der meisten Kinder die wichtigsten Menschen auf der Welt und gehören in seiner Vorstellung einfach zusammen. Schulkinder verstehen oft schon eher, dass es besser ist, wenn die Eltern nicht mehr zusammen sind, weil sie sich nur noch streiten und nicht mehr lieben. Trotzdem wünschen die Kinder sich nichts sehnlicher, als dass die Eltern sich wieder vertragen und zusammenkommen. Mit ihrem besten Freund oder ihrer besten Freundin haben sie bestimmt auch einmal Streit und vertragen sich dann wieder. In ihrer Welt haben Streitigkeiten und Probleme eine ganz andere Dimension.

Das Kind kann dieses innere Chaos der Gefühle noch nicht so formulieren, dass die Erwachsenen es richtig verstehen. Es macht das viel kürzer und dadurch in einer für einen Erwachsenen auf den ersten Blick unverständlichen Art und Weise. Es sagt einfach: „Du hast mit gar nichts zu sagen!", oder: „Hau ab, ich will dich nicht!" Hier gibt es mit Sicherheit je nach Alter und Temperament des Kindes eine Vielzahl von Variationen.

Üben Sie positive Kommunikation.

Die Verantwortung für das Auflösen einer solchen Situation liegt beim Erwachsenen und kann durch positive Kommunikation erreicht werden. Machen Sie mit einer Ich-Botschaft deutlich, dass Sie über Ihre Wünsche, Ihre Grenzen oder Ihre Angelegenheit sprechen. Zeigen Sie dem Kind, dass Sie sehr wohl etwas dazu zu sagen haben, wenn es mit dem Tennisball gegen Ihr Auto spielt. Oder dass es Sie in jedem Fall etwas angeht, wenn Ihre CDs in der Schulklasse des Teenagers die Runde machen. Erklären Sie den Zusammenhang zwischen Ihrer Person und dem Konfliktthema. Lassen Sie sich vom Kind bestätigen, dass es diesen Zusammenhang verstanden hat. Dann stellen Sie Ihre Grenze und Ihre Erwartung für den zukünftigen Umgang dar. Lassen Sie sich wieder bestätigen, dass alles verstanden wurde. Dann erklären Sie, falls nötig, dass der Konflikt nichts mit Ihrer Sympathie zu tun hat und auch keine Auswirkungen darauf haben wird. Kommen Sie bei späteren Gelegenheiten nicht auf die Angelegenheit zurück, ein gelöster Konflikt ist vorbei, er darf nicht benutzt werden, um künftig zu anderen hinzuaddiert zu werden.

Versuchen Sie, verbale Ausbrüche und Zurückweisungen des Kindes von mehreren Seiten aus zu beleuchten. Da gibt es zuerst die offene, für alle sichtbare Seite der Ablehnung. „Ich will dich nicht", kommt als Botschaft der sichtbaren Seite beim Erwachsenen an. Es steckt aber noch viel mehr in dieser Aussage. Was sagt das Kind? Versuchen Sie, es zu ergründen. Mögliche Hintergründe sind: „Ich kann dich jetzt nicht an mich heranlassen, weil ich Angst habe.“ Oder das Kind will damit ausdrücken, dass es Ihnen etwas nicht zutraut. Wenn die Trennung seiner leiblichen Eltern unangenehm verlaufen ist, wenn es vielleicht sogar eine lange Konfliktphase in der Kernfamilie gegeben hat und der Kontakt zum leiblichen Elternteil gestört ist, kann eine solche Aussage dem Schutz des Kindes dienen. Es kann sein, dass es sich damit vor weiteren Verletzungen und Enttäuschungen schützen will.

Versuchen Sie, Konflikte zu entschärfen.

In jedem Fall sollte Ihnen die ablehnende Äußerung des Kindes viel mehr zeigen als nur Zurückweisung. Nur Sie als Erwachsener haben die Möglichkeit, Aussagen dieser Art zu interpretieren. Könnte das Kind seine Gefühle klar formulieren, käme es nicht zu einem derartigen Ausbruch. Nehmen Sie solche Konflikte nicht auf die leichte Schulter. Lassen Sie zuerst Ruhe einkehren und bitten Sie vielleicht am Abend Ihren Partner oder Ihre Partnerin, mit Ihnen gemeinsam die Situation zu deuten. Personen, die von außen auf das Geschehen schauen, sehen oft viel mehr als diejenigen, die direkt involviert sind. Mit älteren Kindern können Sie am nächsten Tag noch einmal darüber sprechen, wie es zum Konflikt kommen konnte und wie Sie ihn beurteilen. Jüngere Kinder sind dazu noch nicht in der Lage. Stellen Sie also keine zu hohen Ansprüche. Wenn es Ihnen gelingt, Konflikte dieser Art zu entschärfen, und wenn solche Konflikte dann von Monat zu Monat seltener und schwächer werden, sind Sie auf dem richtigen Weg. Konfliktfreie Familien gibt es nicht. Weder Patchwork-Familien noch Kernfamilien haben einen Garantieschein für Dauerharmonie.

Checkliste:

1. Jeder regelt nach Möglichkeit seine Angelegenheiten selbst.
2. Das Setzen von Grenzen ist eine Aufgabe, die vor allem die Erwachsenen sachlich und konsequent zu bewältigen haben.
3. Akzeptieren Sie die Grenzen der anderen, ohne nach den Gründen zu fragen oder Kritik zu üben.
4. Ängste und Irritationen äußern sich bei Kindern häufig aggressiv. Übernehmen Sie als Erwachsener in solchen Situationen die Verantwortung für das Wohlergehen des Kindes und versuchen Sie, zwischen den Zeilen seiner verbalen Botschaft zu lesen.

Familie – eine Aufgabe für alle Beteiligten

In einer Patchwork-Familie – genauso wie in jeder anderen Familienform auch – tragen die Erwachsenen die Verantwortung. Trotzdem kann und sollte man davon ausgehen, dass alle Beteiligten diese Gemeinschaft gleichermaßen wollen. Weil Familie immer eine gemeinsame Sache ist, sollte auch jeder seine Aufgabe in der neuen Familie bekommen. Ich spreche auch hier wieder nicht von den klassischen Aufgaben im Haushalt, beim Einkaufen oder bei der Gartenpflege. Eine Familie hat neben diesen Formalien und Äußerlichkeiten auch eine innere Struktur; das macht sie so lebenswichtig und kostbar.

Dadurch, dass unterschiedliche Menschen ihre verschiedenen Vorstellungen einbringen, kann eine Dynamik entstehen, die Sie nutzen sollten. Das erreichen Sie am leichtesten dadurch, dass sie unterschiedliche Aufgaben benennen und diese dann auf alle Familienmitglieder verteilen. Sogar ein Kindergartenkind kann eine solche Aufgabe übernehmen. Wenn Sie in einer Patchwork-Familie leben, in der auch die Expartner eine Rolle spielen oder Wochenendkinder dazugehören, können und sollen diese mit einbezogen werden. Gerade im Patchwork-Modell besteht immer die Gefahr, sich zu stark um Abgrenzung nach außen zu bemühen. Nun hat man sich endlich gefunden und halbwegs zusammengerauft. Das Leben so verschiedener Menschen ist nicht leicht und es gibt viele interne Aufgaben zu bewältigen. Jeder zusätzliche Kontakt kann das mühsam erreichte Gleichgewicht stören und alles nur noch schwieriger machen, denn die Patchwork-Familie hatte keine Anwärmphase, sie beginnt immer mit einem Sprung ins kalte Wasser.

Ein Ersatzvater kann den Vater nicht ersetzen!

Viele Frauen, die bisher allein mit ihren Kindern lebten, haben ein gespanntes Verhältnis zu den Vätern der Kinder. Nicht einmal der Hälfte von ihnen gelingt es, die Kinder nach einer Trennung im Einverständnis mit den ehemaligen Partnern zu erziehen. Da ist es nur verständlich, dass sie froh sind, wenn endlich ein Mann an ihrer Seite ist, der bereit ist, die Vaterpflichten zu übernehmen. Trotzdem ist die Bindung des Kindes zum leiblichen Vater vorhanden. Sie können die anderen Elternteile mit einbeziehen, indem diese zum Beispiel eine Rolle bei Kindergeburtstagen oder anderen Treffen übernehmen. So müssen Sie nicht alles alleine machen und es ist auch nicht notwendig, dass Sie beweisen, wie gut Sie ohne

Hilfe zurecht kommen. Jede Arbeit, die ein anderer Ihnen abnimmt, entlastet Sie und Sie werden mehr Kraft und Zeit in die Familie und in sich selbst investieren können. Ihre Familie bekommt nur dann eine stabile Basis, wenn jeder daran mitbaut, denn nur dann können sich alle gleichberechtigt wohl fühlen.

Lernen Sie Aufgaben zu delegieren.

Werden Sie kreativ, wenn es darum geht, das Delegieren zu erlernen. Schreiben Sie gemeinsam auf, welche Aufgaben beispielsweise anstehen, wenn die Familie einen Wochenendtrip auf den Campingplatz plant. Zuerst sortieren Sie die Aufgaben aus, die nur ein Erwachsener erledigen kann. Dann überprüfen Sie, welche Aufgaben wirklich notwendig sind. Alles, was nicht dazu dient, den Wochenendausflug gelingen zu lassen, wird gestrichen. Denken Sie an das Wesentliche. Das Auto zu waschen, bevor Sie auf Tour gehen, mag eine liebe Gewohnheit sein. Notwendig ist es nicht. Wenn Sie die überflüssigen Aufgaben aussortiert haben, kommen Sie zur zweiten Gruppe. Das sind die notwendigen Dinge, die auch Kinder erledigen können. In einer zweiten Aufgabengruppe wird dann aufgeschrieben, was besser noch erledigt werden könnte, aber nicht unbedingt notwendig ist. In dieser Reihenfolge sollten die Dinge dann auch abgearbeitet werden. Wenn Sie am Ende pünktlich fertig sind und etwas liegen geblieben ist, war es zumindest nichts Wichtiges.

Übung

Wir geben der Familie ein Zuhause

Ganz gleich, ob Sie bereits wissen, wo Sie als Patchwork-Familie leben werden, diese Übung eignet sich sehr gut für lange und gemütliche Familiennachmittage. Sammeln Sie im Vorfeld Schachteln, Papprollen und alles, was Ihnen auf dem

Weg zum Mülleimer verwertbar scheint. Sie brauchen zusätzlich Klebstoff, Scheren, Bastelreste aller Art.
Jeder baut ein Haus für die neue Familie. Dabei muss das Haus nicht aussehen, wie ein normales Haus. Möglich ist vieles, vielleicht ein Turm, eine Zeltstadt, eine Wolke. Jeder kann seiner Phantasie freien Lauf lassen und sich dem freien Spiel hingeben. Warum möchte das jüngste Kind in einer Höhle wohnen? Und warum entscheidet der männliche Erwachsene sich vielleicht für ein Hausboot? Wie viel Nähe lässt der einzelne in seinem Gebäude durch Gemeinschaftsräume zu? Wohnen Sie lieber gemütlich und eng oder möchten Sie viel freie Fläche zwischen den einzelnen Familienmitgliedern? Sprechen Sie anschließend über Ihre Kunstwerke, etwa so, wie es in der Übung auf Seite 30 vorgeschlagen wurde. Bewerten Sie nicht, was die anderen gemacht haben, es handelt sich um Phantasien, mehr nicht. Fragen Sie nach den Gründen für eine bestimmte Zimmerverteilung oder einen riesengroßen Garten, aber üben Sie keine Kritik und versuchen Sie nicht, das Modell eines anderen zu verändern.

Checkliste:

1. Finden Sie heraus, welches Mitglied Ihrer Familie welche Aufgaben am besten übernehmen kann.
2. Delegieren Sie Aufgaben auch an das familiäre Umfeld.
3. Vermeiden Sie Überforderung von einzelnen Familienmitgliedern, lassen Sie lieber eine Aufgabe liegen als die Familie zu vernachlässigen.

Wenn Geschwister hinzukommen

Eine Patchwork-Familie besteht aus Geschwistern, die immer zusammen sind, Halbgeschwistern, die nur besuchsweise „dazugehören“, und vielleicht noch gemeinsamen Kindern des neuen Paares. In dieser Gruppierung gibt es Nähe und Distanz, Zuneigung und Eifersucht: Da braucht es ein „vorsichtiges“ Team.

Geschwister zu haben ist für die meisten Kinder etwas Positives. Sie sehen in ihnen neue Spielkameraden und freuen sich auf neue Möglichkeiten zu gemeinsamen Unternehmungen. Doch Geschwister in der Patchwork-Familie sind in den seltensten Fällen niedliche Babys oder willige Spielkameraden. Oft leben sie auch nicht ständig zusammen. Deshalb sind die Verhältnisse unter Geschwistern in einer Patchwork-Familie anders als in einer Kernfamilie.

Geschwister sind nicht gleich Geschwister.

Zu den Geschwistern können die Kinder beider Erwachsener aus Vorbeziehungen zählen und die leiblichen Halbgeschwister aus neuen Bindungen, die die Eltern eingehen. So ergibt sich eine bunte Mischung aus Kindern, die selten alle im gleichen Haushalt leben. Der häufigste Fall ist der, dass die Kinder der Frau im Haushalt mit dem neuen Partner und gemeinsamen Kindern von Mutter und Ersatzvater leben. Hinzu kommen dann die Kinder des Ersatzvaters als Wochenend- und Feriengäste. So ergibt sich eine Gruppe von Kindern, die teilweise gleiche und teilweise unterschiedliche Bezugspersonen und auch Erziehungspersonen haben.

Selbst bei weitgehenden Absprachen unterscheiden sich die Erziehungsstile, jeder Erwachsene setzt die Prioritäten anders. Wenn zudem noch eine Konkurrenzsituation entsteht, werden die Beziehungen unter den Kindern unnötig belastet. An erster Stelle steht das Wissen darum, dass die Kinder ihre Bindungen untereinander selbst aufbauen und gestalten. Die Erwachsenen sollten sich so weit wie möglich zurückhalten. Das gilt schon für den Gebrauch von Wörtern wie „Geschwister“, „Bruder“, „Schwester“. Kein Kind muss sich fremde Geschwister einfach zuteilen lassen, weil die Eltern sich aneinander binden wollen. Ebenso kann das Teilen von Spielsachen und das Übernachten in einem Zimmer auch nicht einfach von oben herab angeordnet werden.

Über Nähe und Distanz entscheidet das Kind selbst

Ihre Kinder wissen sehr gut, was sie mögen und was nicht, und nicht alle Kinder sind gleich. Es ist möglich, dass der Sohn Ihres Partners, der am Wochenende zu Besuch kommt, sich auf Ihre Kinder freut. Genauso möglich ist aber auch, dass Ihre Kinder gerade das Wochenende unter sich verbringen wollen und keinen Besuch haben möchten. Als Erwachsene stehen Sie dann vor einem Problem. Es gibt nur eine Möglichkeit, es zu lösen. Lassen Sie weitgehend zu, dass jeder seine eigenen Bedürfnisse stillen kann.

Wenn die Kinder Ihre Ruhe haben wollen ...

Wenn Ihre Kinder ihre Ruhe haben wollen, dann unternehmen Sie doch einfach mit Ihrem Partner und dem Besuchskind etwas zu dritt – Familie ist nicht, wenn immer alle zusammen hängen. Notfalls, wenn Sie kleinere Kinder haben, wird eben auch mal ein Vater-Sohn-Ausflug gemacht, während Sie Ihre eigenen Kinder betreuen.

Wie sollen die Begegnungen zwischen den Kindern ablaufen? Wenn die Jahreszeit es zulässt, wählen Sie die freie Natur, wann immer es Ihnen möglich ist. Dort gibt es mehr Freiraum, niemand fühlt sich als Eindringling und ein Hausrecht gibt es auch nicht. Die Kinder sind nicht zusammen im gleichen Raum und dadurch auch nicht darauf angewiesen, sich um jeden Preis miteinander zu arrangieren. Erste Sympathien und Antipathien können unter freiem Himmel besser erfahren werden und sind weniger verbindlich. Auch Aggressionen entstehen seltener, wenn genug Freiraum vorhanden ist. Im Idealfall können die Kinder sich im Freien näher kennen lernen und ausreichend beschnuppern, bevor sie sich auf dem engen Raum einer Wohnung oder eines Kinderzimmers begegnen. Sie als Erwachsene haben die Möglichkeit zu erkennen, wer mit wem besser oder weniger gut harmoniert. Aus Ihren Beobachtungen heraus können Sie Entscheidungen treffen. Die Frage, welche Kinder zusammen im gleichen Zimmer übernachten sollen, wer mit wem am besten spielen kann und so weiter, lassen sich so besser klären und Risiken werden leichter vermieden.

Zu den Scheidungskindern noch ein gemeinsames

Eine vollkommen andere Situation liegt vor, wenn Sie und Ihr neuer Partner gemeinsam ein weiteres Kind bekommen. Sie haben ein Kind in Ihrer Familie, das mit beiden Elternteilen zusammen lebt, also quasi die Kernfamilie in der Patchwork-Familie. Diese Kernfamilie ist allerdings in einen Rahmen eingebettet, der schon vorher da war. Auf jeden Fall ist wichtig, dass Sie die Kinder darauf vorbereiten, dass jetzt ein Geschwisterkind kommen wird. Machen Sie die möglichen Beziehungen deutlich, die zwischen dem Ungeborenen und den bereits vorhandenen Kindern entstehen können. Lassen Sie zu, dass die Kinder Fragen stellen und Vorbereitungen treffen. Das gemeinsame Kind soll keine Sonderrolle haben. Und wenn es bisher noch nicht zur Sprache kam, besprechen Sie spätestens jetzt, dass die Leiblichkeit nicht der einzige Aspekt der Elternschaft ist. Die meisten Hinweise, die für Eltern gedacht sind, die in der Kernfamilie ein weiteres

Kind bekommen, gelten auch genau so für die Patchwork-Familie. Die Situation ist gut vergleichbar.

Checkliste:

1. Jedes Kind sucht sich seine Kontakte selbst aus. Geschwisterbindungen lassen sich nicht von Erwachsenen aufzwingen.
2. Kinder aus unterschiedlichen Familien werden nach unterschiedlichen Prioritäten erzogen. Begegnungen mit Besuchskindern erfordern daher viel Toleranz und Flexibilität.
3. Begegnungen im Freien sind besser geeignet, die Kinder miteinander bekannt zu machen. So bleiben Revierkämpfe aus und der Heimvorteil entfällt.
4. Ein gemeinsames leibliches Kind in der Patchwork-Familie stellt ähnliche Anforderungen wie ein weiteres leibliches Kind in der Kernfamilie.

Wenn Ihr Kind eifersüchtig ist

Kinder sind auf die Zuwendung und Liebe der Eltern angewiesen. Auch Ihr neuer Partner wird unter dem Blickwinkel betrachtet, wie viel Aufmerksamkeit er Ihren Kindern entgegenbringt. Dabei ist allerdings auch zu beachten, dass kleinere Kinder die direkte Zuwendung eher suchen als größere Kinder. Jugendlichen reicht es sogar oft schon, wenn sie fühlen, dass der neue Mann oder die neue Frau sie in Ruhe lässt. Die leiblichen Kinder des Partners haben eine eigene, feste Bindung, die sie auf keinen Fall verlieren wollen. Es entsteht eine Unsicherheit durch die neue Bindung der Erwachsenen. Kinder können Konkurrenz fühlen, sowohl die leiblichen als auch die des Partners. Je mehr Sicherheit die Erwachsenen vermitteln, umso weniger problematisch gestalten sich die Beziehungen der Kinder untereinander.

Sie können nicht alle Kinder gleich behandeln.

Um Sicherheit herzustellen, sollten sich die Erwachsenen zuerst darüber austauschen, welche Position sie dem einzelnen Kind in der Gesamtfamilie zuordnen würden. Es ist utopisch, sich darauf zu einigen, alle Kinder einfach gleich zu behandeln, und damit ist dann alles erledigt. Ein Kind, das in der Familie lebt, kann nicht genauso behandelt werden, wie ein Kind, das nur für die Hälfte der Sommerferien zu Gast ist. Und die Annahme, das Gastkind würde sich wie zu Hause fühlen, klingt gut, ist aber ganz und gar nicht umsetzbar. Setzen Sie sich mit Ihrem Partner zusammen und nehmen Sie sich Zeit, um einmal zu definieren, wie das Leben mit den Kindern in der Familie aussehen soll und wie, wenn Wochenend- und Ferienkinder dabei sind. Planen Sie ruhig einmal einzelne Tage durch und berücksichtigen Sie, dass ein Langschläfer sich nicht unbedingt wohl fühlt, wenn ein Kleinkind ihn morgens um 5 Uhr weckt. Ein Kindergartenkind wird murren, wenn das Gastkind den täglichen Spaziergang verhindert, weil es mehr Spaß am Fußballspielen hat.

Übung

Finden Sie den kleinsten, gemeinsamen Nenner

Notieren Sie alles, was Sie über die beteiligten Kinder wissen. Auch die eigenen Kinder stecken manchmal voller Überraschungen, wenn man richtig über ihre Interessen, Vorlieben und Abneigungen nachdenkt. Diese Liste hilft Ihnen, Ge-

meinsamkeiten leichter zu erkennen und zu vermeiden, dass etwas vollkommen falsch läuft. Diesen kleinsten gemeinsamen Nenner können Sie als Ausgangspunkt nutzen. Und davon ausgehend können Sie sich zusammen Bereiche erobern, die vielleicht für alle Familienmitglieder Neuland sind.

Ein weiterer Faktor, der Eifersucht auslösen kann, ist gegeben, wenn Kinder aus unterschiedlichen Familien teilweise Zeit miteinander verbringen. Wenn das Kind des Partners nur an jedem zweiten Wochenende zu Besuch kommt und damit prahlt, wie gut es ihm bei seinen Eltern geht. Oder wenn es immer wieder neue Spielsachen in seiner Reisetasche hat.

Viele Probleme drehen sich ums Geld.

Geld kann in der Phase einer Familiengründung ein empfindliches Thema sein. Eine Familie kostet Geld, und wenn zwei Menschen ihre Haushalte zusammenlegen, vielleicht eine Wohnung renovieren müssen oder Anschaffungen notwendig werden, wird das Geld leicht knapp. Die wenigsten Singles sind für diese Art von Ausnahmesituation gerüstet. Allein erziehende Mütter haben oft kein finanzielles Polster für den Neuanfang. Meistens geht es dem Exmann, der ohne die Kinder lebt, finanziell besser, weil er mehr berufliche Flexibilität beweisen kann. Geld wird in zwischenmenschlichen Beziehungen oft als Machtmittel benutzt. Da kann es schon einmal vorkommen, dass einer der betroffenen Erwachsenen versucht, seine Bindung zum Kind durch Geldmittel zu verstärken oder zu festigen. In einer Patchwork-Familie betrifft das dann nicht alle Kinder gleichermaßen und Eifersucht ist schnell entstanden. Die Patchwork-Kinder entwickeln die Angst, Kinder zweiter Klasse zu sein, und die Erwachsenen werden zu Recht einen Riegel vor ein solches Verhalten schieben wollen. Die beste Möglichkeit ist auch hier, sich im gemeinsamen Gespräch mit allen Elternteilen zu einigen. Sollte das ganz und gar nicht möglich sein, kann es ratsam sein, eine Erziehungsberatungsstelle aufzusuchen. Auch das Jugendamt kann als Vermittler hinzugezogen werden. Große Unterschiede in der finanziellen Ausstattung der Kinder sind nicht nur störend, sie sind ein zersetzendes Element für die neue Familie. Deshalb sollten Sie in diesem Punkt eine schnelle Einigung erzielen.

Lassen Sie nicht zu, dass ein Kind verwöhnt wird.

Das Gleiche gilt für Situationen, in denen ein Kind übermäßig verwöhnt wird, während die anderen zuschauen müssen. Verschwenden Sie keine Energie darauf, jahrelang Ihren Unmut zu äußern. Greifen Sie notfalls mit der Hilfe Dritter durch, wenn ein leiblicher Elternteil mit derartigen Sabotageakten Ihren Familienfrieden stören will. Versäumen Sie nicht, größere Kinder ins Vertrauen über die Abläufe zu ziehen. Sie haben eine eigene Meinung zur Sachlage und sollen diese auch äußern dürfen. Und mit ein wenig Geschick erreichen Sie sogar, dass die Kinder der neuen Familie sich solidarisch zeigen. Dann werden die Geschenke eben am Ende eines Besuches auf den Tisch gepackt und unter allen Kindern in der Familie aufgeteilt. So können die Kinder Stellung zum Leben in der Familie beziehen und vielleicht hören störende Attacken von anderer Seite von selbst auf, wenn sie ihre Wirkung verfehlen.

Schwieriger kann sich die Situation bei den Großeltern auswirken. Der leibliche Elternteil, der nicht mit seinem Kind im Haushalt lebt, weiß, dass er die Trennung mit zu verantworten hat. Die Großeltern haben mit dem Scheitern einer Ehe nichts zu tun. Sie haben Angst, ihre Enkelkinder zu verlieren, und sind vielleicht nicht bereit, Patchwork-Geschwister zu akzeptieren. Beim Umgang mit den Großeltern bleibt Ihnen nicht viel mehr übrig, als auf deren Verständnis und die Zeit zu setzen. Die Kinder des neuen Partners werden sich ihren Platz im Herzen Ihrer Eltern erobern, denn sie sind die Kinder des Menschen, den Sie sich ausgesucht haben.

Checkliste

1. Vernachlässigen Sie die eigenen Kinder nicht zugunsten einer Gleichstellung mit den Kindern des Partners. Ihr Kind soll wissen, dass Sie seine Mutter bzw. sein Vater sind und bleiben werden.
2. Mischen Sie sich nicht in die Beziehungen der Kinder untereinander ein. Sie werden selbst alles in den Griff bekommen, sobald der Bedarf danach entsteht.
3. Lassen Sie Ihrem Kind die Gelegenheit, Fragen nach den Beziehungen zu stellen, die Sie zu den anderen Kindern haben, und antworten Sie wahrheitsgemäß.

Die Patchwork-Familie: Ein vorsichtiges Team

Alles, was Druck und Zwang ausübt, schadet der neuen Familie. Sie können nicht verhindern, dass Sie unter Sachzwängen stehen. Doch Sie selbst haben es in der Hand, welche Zwänge Sie sich selbst auferlegen. Stellen Sie eine

Prioritätenliste auf. Was ist wirklich wichtig, worauf können Sie ganz oder auch nur vorübergehend verzichten? Gerade während der Phase des Aufbaus muss Ehrlichkeit das oberste Gebot sein. Lassen Sie alle Fünfe gerade sein, aber nur, wenn es Ihnen auch wirklich möglich ist. Üben Sie, miteinander zu kommunizieren.

Eine Patchwork-Familie ist am Anfang ein empfindliches Gebilde. Besonders schwierig ist hier wie anderswo der Umgang mit Kritik. Es fällt schwer, Kritik zu äußern und Kritik anzunehmen, wenn noch nicht viel Vertrauen gebildet wurde. Sie können andererseits ohne Kritikfähigkeit kein Vertrauen aufbauen. Ich schlage Ihnen eine Übung vor, in der es nur darum geht, positive Kritik zu äußern. Auch diese Fähigkeit muss geübt werden.

Übung

Lob tut gut

Nach dem Essen noch einige Minuten zusammenzusitzen ist in den meisten Familien die Regel. Nutzen Sie diese Zeit, um sich gegenseitig zu loben. Nehmen Sie diese Übung aber nicht auf die leichte Schulter, sondern machen Sie ein Ritual daraus. Sagen Sie sich etwas Nettes, etwas, was Ihnen besonders gut gefallen hat an diesem Tag. Entweder Sie gehen der Reihe nach vor und jeder lobt einen beliebigen anderen, oder jeden Tag ist ein anderer an der Reihe. Finden Sie eine Form, die Ihnen gefällt. Achten Sie aber ganz besonders darauf, dass niemand das erfahrene Lob mit einem Achselzucken abtut oder es zurückweist. Lernen Sie, sich Gutes sagen zu lassen und es zu genießen; das ist gar nicht so leicht, wie es sich anhört. Bei dieser Übung, die Sie über Wochen durchführen können, sollten die Erwachsenen notfalls regulierend eingrei-

fen, wenn das eine oder andere Kind zu selten angesprochen wird.
Führen Sie jedes dieser Gespräche mit besonderer Vorsicht. Oft entstehen Probleme, weil die sachliche Ebene mit der Ebene der Gefühle verwechselt wird. In einer Patchwork-Familie spielen, wie in jeder anderen Familie auch, Gefühle eine große Rolle. Wie sollten menschliche Beziehungen Bestand haben, wenn die Gefühlswelt ausgeklammert wird. Doch gerade wenn sich die Familienmitglieder noch nicht lange kennen, ist die Vermischung beider Ebenen gefährlich.

Betrachten Sie die folgende Situation. Uwe und Doris sind ein Paar. Gemeinsam mit Doris' Sohn Daniel (3 Jahre) leben sie seit kurzem in einem gemeinsamen Haushalt. Am Wochenende ist zum ersten Mal Carina, die 8-jährige Tochter von Uwe, zu Gast. Carina und Daniel verstehen sich auf Anhieb sehr gut. Als Uwe und Doris einen Moment nicht auf die beiden achten, kommt Carina auf eine Idee. Sie will Daniel zeigen, wie gut sie Obstsalat zubereiten kann. Damit Daniel ihr helfen kann, gibt sie ihm einen Apfel und ein scharfes Messer. Doris kommt in die Küche und schreit Carina an, was sie sich denn dabei wohl denkt. Carina ist erschrocken und beginnt, gleichzeitig mit Daniel, zu weinen. Nun hängt der Haussegen schief und niemand hat eine schnelle Lösung parat.

Hier geht es um eine Vermischung beider Ebenen. Es ist verständlich, dass Doris Angst vor einem Unfall hat. Daniel hätte sich schneiden können oder das Messer hätte ausrutschen können. Doris ist laut geworden, weil sie ein übermächtiges Gefühl ausdrücken musste. Sachlich betrachtet war es natürlich falsch von Carina, dem kleinen Jungen ein Messer in die Hand zu geben. Ebenso sachlich betrachtet konnte Carina die Situation aber gar nicht einschätzen. Sie fühlt sich jetzt zu Unrecht angegriffen und hält Doris wahrscheinlich erst einmal für eine unfreundliche Frau. Es handelt sich hier nicht um eine außergewöhnliche Situation. Auch in der Kernfamilie ist sie üblich. Doch in der Kernfamilie weiß das Kind sie besser einzuschätzen. Carina kennt Doris nicht so gut wie ihre eigene Mutter. Sie weiß nicht, wie es aussieht und sich anhört, wenn Doris ängstlich, wütend oder verzweifelt ist. Also wird das Kind zuerst einmal ablehnend reagieren. Es will mit der schreienden Frau nichts zu tun haben. Carina wird sich verletzt fühlen, schließlich wollte sie Daniel eine Freude bereiten. Wir haben es mit einem großen Missverständnis zu tun. Doris sollte jetzt merken, dass sie die sachliche Ebene mit ihrer Angst vermischt hat. Das muss Doris dem Mädchen erklären. Erst, wenn Carina das verstanden hat, gibt es die Möglichkeit, dass die beiden sich weiterhin positiv begegnen. Um Klarheit darüber zu bekommen, welche Gefühle Sie haben und um welche Sache es Ihnen geht, hilft nur, dass Sie sich immer wieder den Unterschied zwischen Sachebene und Gefühlsebene verdeutlichen. Sie brauchen ein wenig Training, um wahrzunehmen, welche Prozesse in Ihnen ablaufen. Aber die Fähigkeit, zwischen der Gefühls- und der Sachebene zu unterscheiden, hilft Ihnen, sich klarer auszudrücken und gleichzeitig auch besser mitzuteilen, was Ihnen wirklich am Herzen liegt.

Halten Sie sachliche und Gefühlsebene auseinander.

Wenn Sie schon eine Weile zusammen wohnen, wenn alle Formalien geklärt sind und etwas Ruhe im Alltag eingekehrt ist, können Sie sich daran wagen, richtiges Teamworking in der Familie zu praktizieren. Dafür soll hier noch einmal kurz dargestellt werden, was unter dem Begriff zu verstehen ist. Teamworking bedeutet, dass jedes Teammitglied genau die Aufgabe übernimmt, die es am besten von allen beherrscht. Es wird also nicht blind nach Lust und Laune oder per Los entschieden, wer für welchen Bereich zuständig ist, sondern die Fähigkeiten des Einzelnen werden der Entscheidung zugrunde gelegt. Nehmen Sie das Beispiel Familienurlaub. Jedes Team hat einen Sprecher, der auch die Ergebnisse der Teamsitzungen festhält. Zusätzlich ist der Sprecher auch der, der darauf achtet, dass das Team beim Thema bleibt, Verabredungen einhält und dass alles seinen geregelten Gang nimmt. Im engeren Sinne ist der Teamsprecher nicht mit einer weiteren Aufgabe betraut, er ist zuständig für die Funktionsfähigkeit des Teams. Wer von Ihnen möchte diese Aufgabe übernehmen? Wenn diese Frage geklärt ist, notieren Sie gemeinsam alle Aufgaben, die zu erledigen sind.

Versuchen Sie es mit Teamworking.

Nehmen Sie das Beispiel Familienausflug. Die anstehenden Aufgaben sind: Infos über das Ziel herausfinden – Finanzierung klären – Zeitplan erstellen – Auto reisefertig machen – Proviant etc. packen. Bleiben wir bei diesen wenigen Aufgaben, um es übersichtlich zu halten. Die Infos über das Ziel finden sich am besten im Internet, wer fit in diesem Medium ist, sollte diese Aufgabe übernehmen. Der Überblick über das Geld liegt wahrscheinlich bei einem der Erwachsenen und Proviant o. ä. packen kann ein Grundschüler schon übernehmen. Halten Sie schriftlich fest, wer welche Aufgabe erledigt, und vereinbaren Sie ein nächstes Treffen, um die Ergebnisse zusammenzutragen. Sie werden erleben, wie viel Spaß Teamworking macht und mit welchem Eifer Kinder Ihnen zur

Hand gehen, wenn Ihnen Kompetenzen übertragen werden. Hüten Sie sich aber gerade bei Jugendlichen davor, sich in deren Kompetenzbereiche einzumischen. Sie werden sonst beim zweiten Teamworking nicht mehr mitmachen, denn gerade Jugendliche wollen spüren, dass Ihnen etwas zugetraut wird. Und bei kleinen Kindern helfen Sie natürlich mit, notfalls weisen Sie dem Kind die Rolle des Assistenten für einen anderen zu.

Checkliste:

1. Lernen Sie, sich gegenseitig positiv zu kritisieren.
2. Halten Sie nach Möglichkeit die Ebene der Gefühle von der Sachebene getrennt.
3. Versuchen Sie sich einmal im Teamworking.

Chancen
für eine positive Zukunft

Die Patchwork-Familie ist keine Notlösung, sie kann in der heutigen Gesellschaft ein Modell für die Zukunft sein. Vorraussetzung ist ein offener Umgang miteinander, der auf Verletzlichkeiten Rücksicht nimmt. Nur dann kann allmählich Vertrauen wachsen.

In einer Patchwork-Familie hat jeder eine eigene Geschichte.

Wer eine Patchwork-Familie gründen will, stürzt sich nicht einfach blind in sein Vorhaben. Erfahrungen mit Beziehungen und Partnerschaften und persönliche Reifeprozesse sind schon teilweise abgeschlossen. Die Vergangenheit hat gute und schlechte Erfahrungen gebracht. Es ist manchmal nicht leicht, die Balance zu halten zwischen den rationalen Überzeugungen und dem Gefühl „aus dem Bauch". Für fast jedes menschliche Verhalten gibt es eine Erklärung und gerade Mitglieder einer Patchwork-Familie sollten sich diese Erklärungen bewusst machen.

Die Verletzlichkeit der Erwachsenen

Kennen Sie den Begriff „Schlüsselreiz"? Wahrscheinlich haben Sie ihn schon einmal gehört. Ein Schlüsselreiz ist ein Impuls, den ein Mensch mehrfach erhalten hat. Er ruft dann ein automatisches Verhalten hervor. Zugleich entsteht durch einen solchen Impuls immer das gleiche Gefühl. Wenn ein Schlüsselreiz auftritt, analysieren wir die Situation nicht, wir reagieren reflexartig. In Liebesangelegenheiten sind wir für Schlüsselreize besonders empfänglich. Positive Schlüsselreize sind angenehm. Sie lassen zum Beispiel erkennen, wenn der Partner Lust darauf hat, in Körperkontakt zu treten. Die Kerze auf dem Tisch oder eine bestimmte Musik können Schlüsselreize darstellen. Leider gibt es eine Kehrseite der Medaille. Negative Schlüsselreize prägen sich ebenso intensiv ein wie positive. Die bloße Frage danach, ob der Einkauf schon erledigt sei, kann einen Schlüsselreiz darstellen. Eine bestimmte Kritik am Kind kann negative Gefühle auslösen, weil es um diesen Aspekt schon mit dem Expartner immer

Streit gegeben hat. Plötzlich fühlt es sich schlecht, wird wütend oder bekommt Angst und wir wissen nicht, warum. Auf Schlüsselreize reagieren Menschen oft auf eine Art, die der andere nicht verstehen kann. Er schaut dann im besten Falle verwundert und fragt nach der Ursache für die „unangemessene" Reaktion. Er kann sich aber auch schlecht und falsch behandelt fühlen und in die Offensive gehen. Viele Konflikte haben genau hier ihre Ursache. Es ist wichtig, seine eigenen Schlüsselreize zu kennen und, falls möglich, auch dem Partner mitzuteilen. So kann gegenseitige Rücksichtnahme an die Stelle von Unverständnis treten.

Patchwork-Eltern stehen unter größerem Erfolgsdruck.

Eine weitere wunde Stelle bei Erwachsenen kann der eigene Erwartungsdruck sein. Glücklicherweise verändert sich in unserer Gesellschaft allmählich das negative Urteil über eine Scheidung. Es ist kein Makel und keine Schande mehr, wenn eine Ehe scheitert. Doch oft stehen Geschiedene unter dem Zwang, dass es beim zweiten Mal mit der Familie klappen muss. Wer zweimal scheitert, erntet oft Spott und Verachtung. Einmal mit seinem Partner nicht klarzukommen, stößt auf Verständnis. Aber wenn es dann noch einmal zu einem Versuch kommt, muss man ja schließlich aus seinen Fehlern gelernt haben. Dieser Gedanke, den manch ein Erwachsener gerade dann hat, wenn Kinder mit betroffen sind, ist gefährlich. Er löst den Druck aus, diesmal um jeden Preis erfolgreich zu sein. Dann werden Gefühle unterdrückt und man handelt nicht mehr authentisch, sondern verkrampft. Ein Mensch, der sich unter Druck sieht oder selbst unter Druck setzt, verliert die Freiheit, sowohl intuitiv als auch rational vorzugehen. Er orientiert sich zu sehr an der Umgebung, um er selbst sein zu können. Er fragt weniger, was gut und richtig für ihn selbst ist, sondern vielmehr danach, was die anderen von ihm erwarten. So hofft er, den anderen gefällig zu sein, damit nichts die Verbindung stört. Damit erreicht er, dass er eine hübsche äußere Hülle schafft, der es an Inhalten möglicherweise fehlt. Und eine solche Konstruktion ist zum Scheitern verurteilt. Wer seine Gefühle unter Erfolgsdruck zu lange zurückhält, explodiert irgendwann, weil sich seine Erwartungen und Bedürfnisse angestaut haben.

Hüten Sie sich vor Perfektionismus.

Prüfen Sie sich, ob Sie glauben, die neue Familie müsse auf jeden Fall erfolgreich und harmonisch sein. Sind Sie nur deshalb zu Kompromissen bereit, damit es den anderen gut geht? Können Sie viel wegstecken, um den Familienfrieden nicht zu gefährden? Wenn Sie sich bei solchen Denkweisen ertappen, ändern Sie etwas! Sprechen Sie mit den anderen über das, was Sie bewegt. Erklären Sie Ihrem Partner Ihren Erfolgsdruck. Er wird Sie verstehen und vielleicht geht es ihm ähnlich wie Ihnen. Sie können vereinbaren, dass Sie sich gegenseitig darauf hinweisen, wenn Sie Gefahr laufen, in die Falle des Perfektionismus zu stolpern.

Ein wunder Punkt bei Paaren, die eine Patchwork-Familie gründen, sind die ehemaligen Partner des oder der Auserwählten. Natürlich sagt der Verstand, dass eine Beziehung nicht zu Ende gegangen ist, weil man miteinander so glücklich war. Natürlich weiß man vom anderen, warum es mit der letzten Beziehung nicht funktioniert hat. Aber es können immer wieder Selbstzweifel aufkommen. Gerade in Situationen, in denen nicht alles glatt läuft, ist die Versuchung, sich an der Exfrau oder dem Exmann zu messen, besonders groß. Wie hätte sie es gemacht? War er der bessere Vater? Kam sie besser mit der Gastgeberrolle klar? Solche Fragen zersetzen das Selbstbewusstsein und sind dadurch Gift für die neue Beziehung. Der Vergleich mit Vorgängern ist destruktiv. Sie brauchen Erfolgserlebnisse in Ihrer neuen Beziehung. Keine großen spektakulären Erfolge, durch die Sie im Mittelpunkt stehen, sondern kleine Dinge wie das erste Lächeln von einem bisher verschlossenen Kind oder die Beobachtung, dass „seine“ und „Ihre“ Kinder sich gegenseitig bei den Hausaufgaben helfen. Entwickeln Sie einen Blick für Ihre kleinen Erfolge, sehen Sie, was Sie schaffen und leisten. Klopfen Sie sich selbst auf die Schulter, wenn ein Wochenende gut verlaufen ist. Seien Sie stolz auf sich, wenn Sie es geschafft haben, die Kinder gut durch das letzte Schuljahr zu geleiten. Lernen Sie, Ihre guten Seiten zu sehen und auch anzunehmen. Damit sind Sie besser gegen das Zweifeln an Ihren Fähigkeiten geschützt.

Sammeln Sie kleine Erfolge.

Checkliste

1. Sprechen Sie über Schlüsselreize, die Sie bei sich entdecken. Sie können diese wunden Stellen mit dem Partner gemeinsam heilen.
2. Vermeiden Sie Perfektionismus. Er setzt Sie unter einen Druck, der freie Handlungen unmöglich macht.
3. Vergleichen Sie sich nicht mit einem Vorgänger. Stellen Sie für sich selbst Ihre Erfolge dar und lenken Sie den Blick weg von der Vergangenheit in die Gegenwart.

Vertrauen muss wachsen

Wie lange dauert es, eine Familie zu gründen? Nun, zwei Menschen verlieben sich und nach einiger Zeit entscheiden sie sich, gemeinsam durch das Leben zu gehen. Wenn sie dann noch Nachwuchs bekommen, ist eine kleine Familie entstanden, die theoretisch noch beliebig wachsen kann. Das Ganze wird sicher eine gewisse Zeit dauern. Eine Patchwork-Familie dagegen ist mit einem Schlag einfach da.

Zwei Rechenbeispiele

Machen Sie doch einmal eine Rechnung. Zwei Menschen, beide 20 Jahre alt, verlieben sich. Beide haben bis zu diesem Zeitpunkt unterschiedliche Lebenserfahrungen gesammelt. Nach einem Jahr sind sie glückliche Eltern eines Neugeborenen, das noch keine Erfahrungen sammeln konnte. Diese drei Personen verfügen insgesamt über 40 Jahre Erfahrung. Es ist nicht immer leicht, das zu bewältigen.

Stellen Sie sich eine andere Familie vor. Ein Liebespaar, jeder ist 30 Jahre alt. Sie hat einen 6-jährigen Sohn und eine 4-jährige Tochter. Diese vier Personen gründen eine kleine Patchwork-Familie. An Lebenserfahrungen bringen sie zusammen 70 Jahre mit.

Diese Rechnung ist sicher simpel, aber sie eignet sich sehr gut, um zu verdeutlichen, dass in einer Patchwork-Familie der Zeitfaktor eine wichtige Rolle spielt. Gehen Sie ganz langsam vor und bleiben sie auch häufig stehen. Erwarten Sie nicht, schon in den ersten Jahren nach dem Kennenlernen eine Familie zu sein, in der alle krisenfest zueinander stehen. Bleiben Sie lange Zeit sehr behutsam. Sie wissen, dass Sie vertrauenswürdig sind, die anderen wissen es nicht. Sie wissen, dass Sie für Ihre neue Familie alles tun würden, die anderen wissen es nicht. Es müssen Erfahrungen gesammelt werden. Verbringen Sie deshalb viel Zeit miteinander. Sprechen Sie miteinander, stellen Sie Fragen und beantworten Sie Fragen. Wirken Sie durch Ihr Verhalten und nehmen Sie das Verhalten der anderen wahr.

Checkliste

1. Berücksichtigen Sie die Summe aller Lebenserfahrungen, die in der Patchwork-Familie zusammenkommen.
2. Leben Sie aktiv und sichtbar für die anderen, damit sie Erfahrungen mit Ihnen sammeln können.

Patchwork ist kein Kompromiss

Patchwork-Familie – das Modell der Zukunft?

Manche Sozialwissenschaftler bezeichnen die Patchwork-Familie inzwischen längst als ein Modell mit Zukunft, wenn nicht sogar als das Modell der Zukunft. Diese Familienform hat eine ganze Reihe von Vorzügen. Die Kinderbetreuung ist bei allein Erziehenden häufig nicht ausreichend geregelt. In der Patchwork-Familie entstehen auch durch Expartner oder weitere Großeltern neue Potenziale, die genutzt werden können. Allein Erziehende leiden oft unter einem Mangel an Verständnis für ihre schwierige Situation. Mit einem neuen Partner, der das Leben mit ihnen teilt, wiegen die Belastungen nicht mehr so schwer.

Einer der größten Vorteile der Patchwork-Familie aber ist, dass in ihr jeder in intensiven Kontakt mit Menschen kommt, die andere Biografien haben als er, und er dadurch die Chance hat, mit ihnen Beziehungen einzugehen. Mag es auf der einen Seite auch manchmal schwer fallen, alle unterschiedlichen Erfahrungen zu berücksichtigen, auf der anderen Seite ist aber garantiert, dass sich der Horizont erweitert und wertvolle Lernschritte vollzogen werden.

Die Patchwork-Familie lebt vom Teamgeist.

Gerade in einer Gesellschaft wie der unseren, in der eine weitgehende Autonomie des Individuums angestrebt wird, kann es von großem Vorteil sein, Aufgaben im Team umsetzen zu müssen. In der Patchwork-Familie muss Teamgeist vorherrschen, sonst kann sie nicht funktionieren. Jeder Beteiligte weiß das und wird sich entsprechend verhalten. Kinder, die in einer Patchwork-Familie aufwachsen, können auf ein großes Reservoir eigener und fremder Erfahrungen zurückgreifen, das Lösungsansätze für viele Problemfelder enthalten kann. Das ist nicht nur von der Anzahl der beteiligten Personen abhängig. Vielmehr lernen Patchwork-Kinder frühzeitig, dass nicht immer alles aus einem Guss sein muss, sie trainieren geradezu die Harmonie der Gegensätze, weil sie erkennen mussten, wie unterschiedlich Lebensläufe und damit Menschen sind. Patchwork-Kinder werden früh damit konfrontiert, dass Kompromisse einen Gewinn darstellen können, und sind durch viele Lernerfahrungen in der Lage, sich auch auf unterschiedliche Menschen einzustellen. Sie lernen, Grenzen zu erkennen, sowohl bei sich selbst als auch bei anderen. Patchwork-Kinder erleben, dass unterschiedliche Lebensformen möglich sind und durchaus gut funktionieren können.

Patchwork-Kinder kennen drei Familienmodelle.

Die meisten Patchwork-Kinder haben Erfahrungen mit drei verschiedenen Familienmodellen, nämlich der Kernfamilie, der Ein-Eltern-Familie und der Patchwork-Familie. Sie bekommen die Chance, Bindungen auch über räumliche Distanz aufrechtzuerhalten und unabhängig vom Grad der Verwandtschaft zu stabilisieren. Es gibt bisher noch keine repräsentativen Untersuchungen, die darstellen, wie sich die neuen Familienformen auf die Menschen langfristig auswirken. Eines allerdings ist schon jetzt klar ersichtlich. Störungen kommen bei Patchwork-Kindern, Kindern mit nur einem Elternteil und Kindern aus Kernfamilien mit gleicher Häufigkeit vor. Dauerhafte Disharmonien in der Familie, etwa durch vollkommen zerrüttete Eheverhältnisse, schaden den Kindern immer, egal ob es sich um eine Patchwork-Familie oder eine Kernfamilie handelt.

Sehen Sie Ihre Familie als das, was sie ist. Eine Lebensform, für die Sie sich bewusst entschieden haben. Schließen Sie mit dem Klischee der einen glücklichen Familie ab, von der Sie in jüngeren Jahren vielleicht geträumt haben. Es gibt in der modernen Zeit viel mehr Möglichkeiten des Zusammenlebens als früher. Allein die Tatsache, dass Frauen heute Kind und Beruf besser miteinander verbinden können, führt dazu, dass zwischen zwei Phasen des Kinderkriegens eine lange Zeitspanne liegen kann. Männer sind in jüngeren Jahren vielleicht nicht in der Lage, dem wachsenden Karrieredruck und der Familie gleichzeitig gerecht zu werden. Im zweiten Anlauf ist die berufliche Situation unter Umständen stabiler und es ergeben sich für eine Familie mehr Freiräume. Viele Patchwork-Väter haben keine Probleme damit, die Kinder aus den Vorbeziehungen ihrer Partnerinnen zu akzeptieren. Es ist ein

Die Bindung des Vaters an ein Kind hängt von seinem Verhältnis zur Mutter ab.

Klischee, dass Männer nur ihre leiblichen Kinder annehmen können. Dass sich so wenig geschiedene Väter regelmäßig um ihre leiblichen Kinder kümmern, lässt vermuten, dass die Bindung des Vaters an sein Kind auch vom Verhältnis zur Mutter abhängt. Daraus ergibt sich aber auch, dass ein Mann die Kinder der Frau, die er liebt, gerne mit betreut und versorgt. Und ebenso kann eine Frau positive Gefühle für die Kinder des geliebten Mannes entwickeln.

Leibliche Elternschaft ist nicht für jeden möglich. Erkrankungen, Unfruchtbarkeit oder ein hohes Lebensalter schließen eine große Personengruppe davon aus. Warum also nicht den Mut aufbringen, gemeinsam ein oder mehrere Kinder groß zu ziehen, ganz gleich, welcher genetische Ursprung vorliegt? Wer sich entscheidet, die Kinder eines anderen anzunehmen, umgeht auch die Risiken, die Schwangerschaft und Geburt für eine Partnerschaft bergen. Wenn einem Paar die bereits existierenden Kinder ausreichen, kann eine bewusste Entscheidung für das gemeinsame Leben getroffen werden. Das kommt den Kindern in jedem Fall zu Gute.

Ergreifen Sie die Chance, Ersatzelternteil zu sein.

Patchwork hat viel mit Planung und weniger mit Romantik zu tun. Reife Erwachsene werden darin aber keinen Verlust sehen, denn schließlich geht es darum, das eigene Leben nach konkreten individuellen Wünschen zu gestalten. Da helfen Pläne und Strategien weit mehr als romantische Vorstellungen. Die Betreuung und Begleitung junger Menschen ist eine dankbare Aufgabe für ein Paar, das einen gemeinsamen Lebensweg beschreiten will. Überwinden Sie also die Vorstellungen von „Stiefelternschaft“ und geben Sie sich und Ihrem Partner die Chance, Ersatzelternteil zu sein.

Patchwork – ganz im Sinne der Kinder

Patchwork-Familien erlauben Erwachsenen einen zweiten Anlauf zur Familiengründung, geben der zunehmenden Zahl von Scheidungskindern die Chance, in einer Familie aufzuwachsen, und eröffnen auch gleichgeschlechtlichen Paaren die Möglichkeit, Kinder aufzuziehen.

Scheidungen sind in unserer Gesellschaft eine normale Erscheinung. Inzwischen sind daher auch die ersten Untersuchungen abgeschlossen, die nach den Folgen fragen, die eine Scheidung für die Kinder hat. Es ist sinnvoll, ein Kind davor zu bewahren, in einer zerrütteten Kernfamilie zu leben, vor allem, wenn Dauerkonflikte oder gar körperliche Gewalt eine Rolle spielen. Aber auch die Scheidung setzt einem Kind zu, und zwar auf lange Sicht.

Patchwork-Familien lindern Scheidungsfolgen.

2002 erschien eine Untersuchung über die Folgen, die die Scheidung der Eltern für die inzwischen erwachsenen Kinder hatte. Die Ergebnisse liefern eine zusätzliche Motivation zur Gründung von Patchwork-Familien. Diese Familienform kann nämlich helfen, die Scheidungsfolgen so gering wie möglich zu halten. Vielleicht werden Sie durch das Lesen dieses Kapitels ermutigt, sich auf das Abenteuer Patchwork einzulassen. Die Zuneigung zweier Erwachsener zueinander sollte immer der Anlass sein, eine Familie zu gründen. Wenn dann aber zusätzlich noch ein Nutzen für die Entwicklung der Kinder entsteht, ist es umso besser.

Die Folgen einer elterlichen Trennung für die Kinder

Selbstverständlich haben Eltern das Recht, sich zu trennen, wenn die Beziehung nicht mehr gelebt werden kann. Doch darüber hinaus muss auch gesehen werden, dass diese Trennung einen deutlichen Einschnitt sowohl in Ihrem als auch im Leben des Kindes darstellt. Er lässt sich häufig allerdings nicht vermeiden. Die negativen Folgen können aber so gering wie möglich ausfallen, wenn alle Erwachsenen sich darum bemühen, dem Kind weiterhin eine positive Entwicklung zu ermöglichen. Hierzu gehört in erster Linie, dass die beiden leiblichen Elternteile sich in den Fragen der gemeinsamen Elternschaft um Einigkeit und Harmonie bemühen. Darüber hinaus kann eine neue Beziehung des Elternteils, bei dem das Kind lebt, eine gute Chance sein, die Trennungsfolgen erfolgreich zu verarbeiten.

Jedes Kind leidet unter einer Scheidung.

Als direkte Folgen einer Scheidung haben die beiden amerikanischen Forscher Wallerstein und Lewis 2002 in einer Vergleichsstudie mit erwachsenen Scheidungskindern eine Reihe von Merkmalen festgestellt. Die erste Erkenntnis war, dass alle Scheidungskinder unter der Scheidung der Eltern gelitten haben. Bemerkenswert ist auch, dass die Wirkung, die die Scheidung auf die Kinder hatte, nicht mit der Zeit geringer wurde, sondern eher zunahm. Das bedeutet, dass sich die Folgen im Laufe der Zeit verstärkten. Scheidungskinder scheinen nach den beiden Wissenschaftlern einen unbefriedigten Wunsch nach Beziehung zu haben. Sie heirateten früher als die Kinder aus der Vergleichsgruppe, die aus dauerhaften Kernfamilien stammten, und ließen sich auch häufiger scheiden. Scheidungskinder zeigen zudem die Tendenz, das Scheitern der elterlichen Beziehung auf ihr eigenes Leben zu übertragen. Sie fürchten, ebenso in ihrer Beziehung zu scheitern wie die Eltern und haben wenig Selbstbewusstsein in Partnerschaftsangelegenheiten. Scheidungskinder haben nach Wallerstein und Lewis ein Vertrauensdefizit. Sie können weniger Vertrauen zum eigenen Partner empfinden und leiden unter der Angst, ihn zu verlieren oder verletzt zu werden. Eine finanzielle Unterstützung der Scheidungskinder durch

Scheidungskinder bekommen weniger Bildungschancen.

den getrennt lebenden Elternteil gab es nur in etwa einem Drittel der Fälle. So entstanden auch Bildungsdefizite, die meistens das ganze weitere Leben beeinflussen. Ebenso sieht es natürlich auch im Hinblick auf zusätzliche Förderung der Kinder aus. Getrennt lebende Eltern haben nicht selten Schwierigkeiten, ihren Kindern zusätzliche Fördermöglichkeiten zu finanzieren. Selbst wenn Unterhalt vom getrennt lebenden Elternteil gezahlt wird, reicht dieser in vielen Fällen gerade einmal für das Nötigste. Ein zusätzlicher Unterricht an einer Musikschule oder ein spezieller Sportverein sind selten finanzierbar. Wenn man bedenkt, dass die Bildung eine wesentliche Schlüsselrolle im Leben spielt, haben die Kinder von getrennt lebenden Eltern also schlechtere Startchancen als diejenigen, die ihre gesamte Kindheit in der Kernfamilie verbringen.

Allerdings sollten die Ergebnisse dieser Studie nicht zu der Forderung führen, dass sich Eltern nicht trennen dürfen. Das hieße, die gesellschaftliche Entwicklung der letzten Jahrzehnte einfach zu ignorieren. Vielmehr heißt die Frage, wie die Folgen einer Trennung der Eltern für das Kind möglichst gering gehalten werden können. Die Patchwork-Familie bietet hierfür gute Möglichkeiten. Natürlich sollte man nur wegen der Kinder keine Patchwork-Familie gründen. Eine solche Überlegung wäre fatal, denn eine Familie, die unter zweifelhaften Voraussetzungen gegründet wurde, wird wenig stabil sein und dann müssten die betroffenen Kinder wahrscheinlich irgendwann eine zweite Trennung verarbeiten.

Je nach der individuellen Persönlichkeit des Kindes wird es die Folgen einer elterlichen Trennung mehr oder weniger gut verarbeiten können. Trotzdem gibt es kritische Punkte, auf die die Patchwork-Eltern achten können. Es beginnt mit dem Verlust des getrennt lebenden Elternteils. Den meisten Ersatzeltern ist nicht klar, was dem Kind verloren gegangen ist. Selbst wenn der erziehende Elternteil der Meinung ist, dass der Umgang mit dem Expartner dem Kind schadet, hat es doch in der Vergangenheit Geborgenheit und Zuwendung von ihm erhalten. Das Kind wird außerdem auch einen Bezug zu gemeinsamen Erfahrungen vermissen und ein Vorbild, an dem es sich orientieren kann.

Neue Vorbilder helfen, die Trennung zu überwinden.

Vielen Erwachsenen leuchtet ein, dass es sich um Verluste handelt, die das Kind erlitten hat. Doch den wenigsten Ersatzelternteilen ist bewusst, wie leicht sie helfen können, diese Verluste zu verarbeiten. Gerade die Vorbildfunktion ist für die Orientierung sehr wichtig. Da 95 Prozent der Erziehung über die Vorbildfunktion geleistet werden, hat das Ersatzelternteil hier eine echte Chance, an der Erziehung mitzuwirken und gleichzeitig seine Bindung zum Kind zu vertiefen. Ein möglicher Folgeschaden der Scheidung wird ausgeglichen, wenn ein anderer Erwachsener die frei gewordene Vorbildrolle übernimmt.

Die Patchwork-Familie bietet für den Erwachsenen, der bis jetzt in einer Ein-Eltern-Familie gelebt hat, eine neue Orientierung. Wer all die Aufgaben, die Kindererziehung und Versorgung mit sich bringen, allein bewältigen muss, fühlt sich oft überfordert und kann körperliche und seelische Überlastungssymptome ausbilden. Das Leben mit einem Erwachsenen zu teilen, der zudem auch hilfreich zur Stelle ist, wenn Not am Mann oder an der Frau ist, kann für eine

Kinder leiden, wenn Eltern Sorgen haben.

Stabilisierung der eigenen Lebenssituation sorgen. Kinder spüren die Sorgen ihrer Eltern und leiden darunter. Deshalb kann die Patchwork-Familie unter Umständen den einen oder anderen Druck vom Kind nehmen. Auch die Konflikte zwischen den Eltern lassen für gewöhnlich nach, wenn einer von beiden Eltern wieder eine feste Beziehung eingeht. Ein möglicher Dauerkrieg als Folge einer konfliktreichen Trennung löst sich häufig in Luft auf, wenn einer der beiden Kontrahenten sich einem neuen Partner zuwendet. Das ist oft das Zeichen dafür, dass die Beziehung endgültig beendet ist.

Den materiellen Aspekt darf man auch nicht aus den Augen verlieren. Ein Haushalt zu zweit, das Leben von mehreren Personen unter einem Dach bedeutet in den meisten Fällen eine Kostenersparnis. So vergrößert ein allein Erziehender durch die Gründung einer Patchwork-Familie seinen finanziellen Spielraum.

Exkurs: Patchwork für gleichgeschlechtliche Paare

Glücklicherweise ist es in der Gegenwart nicht mehr verpönt oder verwerflich, sich zu einer gleichgeschlechtlichen Liebe und Beziehung zu bekennen. Seit neuerer Zeit ist es auch möglich, Kinder zusammen mit einem Partner des gleichen Geschlechts groß zu ziehen.

Alles, was sie bisher über das Leben in der Patchwork-Familie gelesen haben, gilt auch für Familien mit zwei Männern bzw. zwei Frauen, die ein Liebespaar bilden. Allerdings werden Vorurteile und Klischees die liberale Gesetzgebung noch um einiges überdauern. Ein Kind mit einem „neuen“ Vater hat es nicht leicht, ein Kind mit zwei Vätern noch weniger. Das hängt auch damit zusammen, dass diese Form der Familie bisher selten vorkommt.

Das Kind erlebt eine andere Realität.

Natürlich können Sie als Erwachsene mit Ihrer Liebe umgehen, für Sie gibt es keine Einschränkungen, die Sie nicht gemeinsam überwinden können. Ein Kind in einer gleichgeschlechtlichen Verbindung wird aber eine andere Realität erleben. Es ist erst einmal anders, in den Augen der Mitschüler, der Lehrer und auch in seinen eigenen. Unser ursprüngliches Familienbild Vater-Mutter-Kind ist noch überall als „Muster“ präsent. In Schulbüchern und in den meisten Kinderbüchern, in Filmen und auch in der Spielwarenabteilung. Ihr Kind lebt in einer anderen Welt als Sie. So negativ sich das auch für Ihre Ohren anhören mag, es ist so. Besprechen Sie mit Ihrem Kind dieses „anders“ sein. Stellen Sie die Unterschiede zur klassischen Familie mit einem heterosexuellen Elternpaar heraus und bilden Sie sich mit dem Kind zusammen eine eigene Meinung. Was würde ein Mann oder eine Frau anders machen? Wer übernimmt diese Rolle in Ihrer Familie? Je genauer das Kind weiß, welche Unterschiede es selbst im Elternhaus erlebt, umso besser kann es in Konfliktsituationen und gegen Anfeindungen argumentieren.

Bleiben Sie offen für Ihr Umfeld und das des Kindes. Vorurteile bauen Sie am besten durch Offenheit ab. Je mehr Sie sich nach außen öffnen, umso weniger entsteht der Eindruck, Ihre Familie sei unnormal und es gäbe etwas zu verbergen.

Sie können natürlich betonen, dass Sie nicht verpflichtet sind, der Umgebung dabei zu helfen, Vorurteile abzubauen, doch zum Wohle Ihrer Kinder sollten Sie über Ihren Schatten springen, um alles zu tun, was notwendig ist, damit das Kind in seinem Umfeld erfährt, dass es angenommen wird.

Anhang

Hilfreiche Adressen und Links

Jedes Jugendamt hält regional bezogene Adressen und Hilfen bereit. Außerdem bieten die freien Wohlfahrtsverbände vor Ort häufig Beratung und Hilfe. Hier sollten Sie zuerst Hilfe suchen. Meistens steht ein Team aus Sozialarbeitern und Psychologen zur Verfügung.

Überregional arbeiten:

PFAD – Bundesverband der Pflege- und Adoptivfamilien e.V.
Heinrich-Hoffmann-Str. 3
60528 Frankfurt/Main
Telefon: 069 / 67 06-285 ·Fax: 069 / 67 06-288
www.pfade-bv.de

Bundesarbeitsgemeinschaft Selbsthilfegruppen Stieffamilien
Bahnhofstrasse 59
63179 Obertshausen
Telefon: 06104 / 40 79 70 · Fax: 06104 / 40 79 71
www.stieffamilien.de

Im Internet finden sich zahlreiche nützliche Hinweise, einige Beispiele sind:

www.zweitfamilien.de
www.spao.de
www.ehe-familien-lebensberatung.de

Register